終活の新常識！

聞いてビックリ

「あの世」の仕組み

予知能力者
松原照子

実業之日本社

新装版によせて

時の流れは皆同じですが、生き方はそれぞれ違います。どのような生き方がよかったのか、あの世に帰らないとわからないのかもしれません。

この本を書いたのは2016（平成28）年、熊本地震が起きた年でした。その後、さまざまなことがあり、時代は平成から令和へと遷《うつ》りましたが、世界的なパンデミックやロシアが仕掛けた戦争を見ていますと、つくづく人生いつなにが起きるかわからないと感じます。

不測の事態がいつでもどこでも起こりうるいまだからこそ、私たち一人ひとりが心に刻まなければならないことがあります。

それは、どんな人でも、この世に生きている人に共通しているのが、だれもが必ず「あの世」へ旅立つことです。

大病をすると自分の命と向き合えるといいますが、日ごろは生きていることすら忘れてしまいがちなのが私たちです。こんな世の中だからこそ、いままさに自分が生きていると自覚することが、とても大事なのだと思います。

この『「あの世」の仕組み』をお読みくださる前に、いま生きていることを実感してください。もちろん、生きているがゆえに、迷いや後悔も起きることでしょう。深悩《ふかなや》みをして心を疲れさせてしまうこともあるでしょう。でも、いま生きていることこそが未来へと続く玄関口でもあるのです。

　私たちが「あの世」に旅立ったとき、「この世」で自分が生きていることを日ごろから自覚していたかどうかによって、「あの世」での過ごし方が変わります。

　生きている実感は、「この世」での人生において今日は今日しかないと自覚することです。それができるようになると、一日の生き方も変わります。

　たとえば、今日という日を自覚するために、朝目覚めたとき「今日は、〇〇〇〇年〇〇月〇〇日〇曜日」と声に出して言ってみてください。自然に目をやることもいいでしょう。時の流れは、空を見ていてもわかります。雲が風に運ばれていくのを見上げてみてください。私は、雲の動きを見ていると、ときに天国の母の顔に見えることもあります。また、夜空にきらめく星に話しかけてみるのもいいかもしれません。月明かりにご自分の顔を鏡に映してみるのもいいでしょう。

　こういったことで私たちは、いま生きていることを素直に喜べるようになります。

　あなたが「あの世」に旅立つときが来るまで、いま生きていることを実感し、ときには空を見上げながら、生きていることをありがたく思えるように過ごせることを、心から願っています。

2023年1月

はじめに

いまを生きている私たちに共通していること、それはだれもがいつか必ず「死」を迎えることです。どんなに地位があろうと（なかろうと）、お金持ちであろうと（貧しかろうと）、賢かろうと（愚かであろうと）、美しかろうと（美しくなかろうと）、一切関係なく「死」は訪れます。

それなのに私たちは「死」について、あまりにも知りません。そもそも、

「死ってなに？」

「死んだらどこに行くの？」

「死後の世界はあるの？」

明快な答えをお持ちの方は、どれほどいらっしゃるでしょうか。

死後の世界について、なにもわからないから恐れを感じ、不安になります。このままでは、ビクビクしながら生き続けなければなりません。

「死」を恐ろしいと感じるのは、自分自身のすべてが消滅してしまうのではないかという思いからです。肉体、意識、感覚、なにもかもがなくなってしまい、さらにそのあと、どうなるかもわかりません。どこに行くのか、あるいはどこにも行かないのか、なにもないのか……。それが、「死」に対する恐怖です。

また、人の「死」が悲しいのは、いままでそばにいた存在がいなくなる喪失感からです。愛しい人の声が聞けなくなる、会話ができなくなる、温《ぬく》もりを感じられなくなる、頼りにできなくなる、その寂しさと虚しさからです。

では、亡くなったあとも続きがあるとしたらどうでしょう。亡くなったあともつながり合えるとしたらどうでしょう。

私はこの本で、どうしてもお伝えしたいことがあります。

「死のあとには続きがあり、すべてがなくなるわけではない」

「人は亡くなったあとも、この世で生きている人とつながることができる」

「この世での行いが、あの世に行ってから大きな影響を及ぼす」

ということです。


私は、このことを「不思議な世界の方々」から教えていただきました。

「不思議な世界の方々」とは、私が物心ついたころからそばにいてくださる、私にしか見えない方々です。


この方々が、この世に生きている人ではないと気づいたのが35歳くらいのときでした。それまでは、ほかの人にも見えているものだと思っていました。それほどリアルに感じていたのです。ただ、どうもこの世の方々ではなさそうなので、きっと私の知らない〝不思議な世界〟から来られているのだろうと、「不思議な世界の方々」とお呼びしていました。

そのなかのおひとり、ブルーグレーのおばちゃまが、もう亡くなられてはいるものの、実在した人物だったことがわかりました。

それが、この本を書こうと思ったきっかけのひとつでした。

「死は終わりではない」

「この世とあの世は交信できる」

不思議な世界の方々を間近に感じている私が、伝えるべきことなのだと思ったのです。

自分自身の死を考えたとき、すべてがなくなるのではないとしたら、少しは恐怖心が和らぐのではないでしょうか。

愛しい人、身近な親しい人を亡くされた方は、またつながりが持てるとしたら、少しは悲しみを減らせるのではないでしょうか。

それに、あの世とつながり合えることが理解できると、〝ひらめき〟や、〝虫の知らせ〟が偶然のものではなく、あちらから見ていてくださる方々からのメッセージだということもわかってきます。チャンスをつかんだり、自然災害などの危険から身を守るのに役立つことと思います。

「死」や死後の世界は、とても壮大なテーマです。私は宗教家ではありませんから、気の利いた言葉でお伝えすることはできませんが、不思議な世界の方々から聞いたことを、できる限りお伝えしていきます。

「死」を考えることは、「生」を考えることです。

少しでも「死」を知ることができれば、「いかに生きるか」をより考えられるようになります。

どうせだれにも訪れる「死」なのですから、必要以上に暗くなるのはやめましょう。これから私と一緒に「死」のことを考えて、いまを精いっぱいに生き抜く糧にしていただければ幸いです。

◉私が不思議な世界の方々とつながるときは、いくつかのパターンがあります。目の前に現れてお話されるとき、声だけが聞こえてくるとき、映像や数字や言葉が浮かんでくるときなどです。この本のなかで、ブルーグレーのおばちゃま、風呂敷おじちゃま、中国四千年のおじちゃまと書いてあるときは、不思議な世界の方が目の前に現れて、直接お話を伺った内容です。不思議な世界の方としか書いてないときは、声だけが聞こえていたり、映像や言葉だけで教えていただいたりしたものです。明らかにだれの声かがわかったときは、お名前を書いています。お読みいただく際の参考にしてください。

目次

終活の新常識！
聞いてビックリ
「あの世」の仕組み

第1章 そうだったのか！ 死後の世界

第2章 あの世とこの世をつなぐ「ホットライン」

第3章 ついにわかった！　不思議な世界の方々の正体

第4章 あの世からのとっておきのメッセージ

第1章

そうだったのか！死後の世界

死を迎えるときはだれもが痛みと軽さを感じる

身体（肉体）が成長し、やがて老いていく。その姿を見て、実感しながら、肉体同士が会話をしたり、触れ合ったりする。それが生きているということです。

その肉体が機能しなくなり、手放さなければならなくなったとき、それを私たちは「死」と受け止めます。

私たちが持つ不安は、死の瞬間にどうなるかわからない、その先になにがあるかもわからないために感じるものです。

肉体をなくすとともに、意識もなくなり、感覚もなくなり、なにもかもが終了してしまうのか。なにも感じない、なにも考えられない無の世界が待っているのか、天国か地獄のどちらかに行かなければならないのか、極楽浄土はあるのか……。

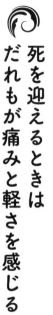

本当のところ、死をどう感じるかは、自らが死を迎えてみなければわかりません。不思議な世界の方はこのようにおっしゃいます。

「人の潜在意識のなかには、〝死の真相〟が収められているのですが、それは死の間際まで開放されません」

いまを生きるために必要ではないから、生きているあいだに知ることはできないのかもしれません。

「そのときに知るのは、いま生きている人たちが言う死とは、肉体との別れでしかないということです。肉体はなくなりますが、意識までなくなることはないのです。そして、次に進む世界は、だれも肉体を持っていない世界です。そのことを死の間際に理解することで、スムーズに進むことができるのです」

私たちが言う死は、生の続きの途中にある一過程でしかないようです。

「死を迎える際には、だれもが痛みを経験します。痛みに続いて軽さも感じます。それは、肉体との別れの合図です」

痛みは、肉体がそれまでいかに自分を支えてくれていたかを認識するとともに、肉体との永遠の別れを自覚するのに必要なもので、軽さは、「体重がなくなるというのはこんな感じかなあ」という感覚に近いものだそうです。

痛いのは、できることなら避けて通りたいと思ってしまう私ですが、肉体との別れを惜しむ合図でもあるので、決して避けられないようです。

ただ、不思議な世界の方によると、痛みにもさまざまな違いがあるとのこと。

最も穏やかなのは、天寿を全うして老衰で亡くなる場合。「十分に生きた」と満足感を覚えて死を迎える人には、心地よい痛みと感じることさえあるそうです。マッサージで体験する「痛気持ちいい」感じに似ているようです。

長い闘病の末に死を迎える場合は、痛みはゆるやかになり、「病とよく闘った」と、ご自分で納得された場合は、最後の痛みは心地よさに変わります。

自然災害によって死を迎えることもあります。そのときは、地球の慈悲により、肉体との別れの痛みはほとんどないということです。ただ、恐怖だけは感じると教えられました。

生きたいのに殺害された人の場合、肉体の痛みとともに、心の痛み、魂の痛み、恐怖、憎悪の念などが入り交じるようです。肉体をなくしたあとも痛みや念は残り、殺害者が死ぬ間際には、殺害された人が受けた肉体の痛み、心の痛み、魂の痛みの分が増幅され、殺害者は強烈な痛みを隅々まで感じながら死を迎えることになるとのことです。

事故で亡くなった場合も、痛みは感じるものの、感じた痛みが肉体との別れであることを受け止められれば、痛みは続かないようです。

自ら命を断ってしまった人は、その方法にかかわらず、かなりの痛みがあるとのことです。睡眠薬だから楽だろう、ということはありません。自殺の場合、次の世界に行ったあとも痛みは続き、なかには想像を絶する痛みを抱え続ける人もいるそうです。すべての人が、次の世界で悔い続けるのも自殺の特徴で、ただ死を選ばなければならなかった理由が、心も肉体も納得した覚悟あるものであった場合は、痛みの感じ方が異なるそうです。

昔の「切腹」などが、そうなのかもしれません。

戦争で命を奪われた、ひめゆりの塔の女学生たちのような場合は、死の直前の痛みはとても薄かったと教えられました。戦地で命を落とした人たちは、死を迎えた瞬間の痛みは感じるものの、それが死後も続くことはなかったようです。

さまざまな死がありますが、感じる痛みはそれぞれ異なっているとのこと。痛みを感じたあとには、軽さを体験します。亡くなったあと、天に昇るイメージがあるのは、この軽さからなのでしょう。

体重を感じなくなるのは、肉体の重さを感じなくなること、つまり肉体をなくしたことを自覚することです。

痛み同様、肉体との別れの合図なのです。

痛いのはイヤだなとは思いますが、痛みを恐れてはいけません。いままでお世話になった肉体への感謝の心を持つと、この痛みは心地よいものに変わります。

死とは肉体との別れであり、肉体が必要のない世界に行くためのひとつの過程である。

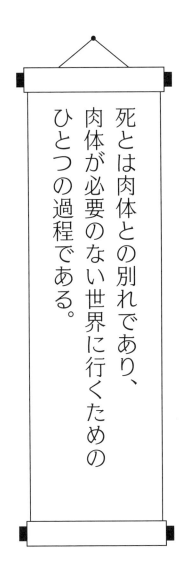

意識は死後、数分から長くて一週間ほど肉体のそばで過ごす

肉体との別れのあとのことを、不思議な世界の方に教えていただきました。

「肉体が機能停止したあと、しばらくのあいだ、意識は肉体のそばで過ごします。人によって数分から数日間と時間差はありますが、やがて肉体との別れを感じ取り、次に進むことを理解します」

家や病院などで最期を迎えたときに、亡くなられた直後は、まだその方がすぐそばにいるような感じを受けるといった話をよく聞きますが、肉体を離れた意識が近くにいるから、そのように感じるのでしょう。

肉体とともに過ごす時間は、早い人で数分、長くいる人でも7日間ほどだということです。昔の人は、もっと長い時間を肉体のそばで過ごしていましたが、最近で

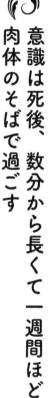

は肉体への執着が薄れたことや、すぐに火葬してしまうなど、遺体の処理が早いために、あまり長い時間いることはなくなりました。

肉体が、事故などで悲惨な状態になる場合もあります。その際は一滴の血の匂いに自らの面影を見つけて、その場にとどまるようです。

殺害などにより非業の死を遂げた場合は、肉体の死をいち早く察知して、殺害者に取り憑き、かなり長い時間を過ごす人もいるようです。または、すぐにあの世に行って、殺害者が来るのを待ち受けている人もいるとのことです。

自ら命を絶った人の場合、肉体への申し訳のなさからなのか、肉体のそばにいて最期のときを過ごすことはなく、少し離れたところから自分の肉体を見ているようです。

現代は、医療技術の発達により、死を自覚するまでの時間があいまいになりつつあります。麻酔で眠らされていたり、生命維持装置によって肉体を生かされていたりする場合など、肉体の限界が来ていて機能不全に陥っているのか、眠っているだけなのかの判断がつきづらくなっているのです。肉体の死を自覚できない意識は、長い時間、中途半端なまま肉体のそばにとどまり続けます。

例外はあります。生に対して異常なまでに執着していて、この世に強く思いを残している場合です。

意識は次に進むことを拒み、たとえ肉体がないとわかっていても、この世にとどまり続けようとします。異常なまでに強い思いに支配された意識は、この世をさまよい続け、ときには人々や自然に影響を及ぼします。これが〝怨念〟という存在です。昔の人はこの異常なまでに強い思いを鎮めるために、さまざまな鎮魂をしてきましたが、最近は、そこまで強く思いを残す人は少なくなっているようです。

肉体のそばにいるときは、まだ肉体があったときと同じ感覚があります。少しずつ、その感覚は薄れていき、それとともに次に進むことを理解します。

肉体との別れを感じ取り、進む決心ができるのが、〝合図〟を見たときです。

生への異常なまでの執着は
〝怨念〟という存在となり、
この世にとどまり続けることもある。

「お迎えが来る」とは光の衣を目にすること

「次へ進む合図は、光の衣を目にしたときです」と風呂敷おじちゃま。

「肉体から離れた意識は少しのあいだこの世に残りますが、やがて光の衣が訪れ、それをまとうと次に進まなければならないときが来たと悟ります」

光の衣をまとった瞬間、ほとんどの人が戸惑うそうです。それは、それまで見たり、聞いたり、感じたりしていた感覚に変化が起きるからです。それが間もなく、肉体との別れの合図だと気づき、納得して次の世へと旅立ちます。

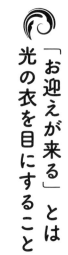

よく、亡くなると「お迎え」が来て、あの世まで導いてくれると言いますが、光の衣を目にして、それを「お迎え」と感じ、表現していると思われます。

例えば、「かわいがってくれたお母さんが、迷わないようにと迎えに来てくれるから、安心してついて行けばいい」など、先に亡くなっている家族や親類が迎えに来てくれると聞いていたり、聖人が導いてくれると聞いたりしていた話が頭に残っていて、そのイメージが具体的な姿形となって現れるのだと、不思議な世界の方はおっしゃいます。

どちらにしても光の衣は、次の世界、つまりあの世への案内の役目を果たしてくれるのです。

この世からあの世へ行く途中で三途の川を渡ると、あの世に着くといった話を聞きます。「川の向こうに、生前とてもかわいがってくれたおばあちゃんがいて、まだ来る時期ではない。帰りなさい！　と言われて引き返すと、この世に生還した」といった話です。

不思議な世界の方は、「少なくとも、こちらの世界にたどり着くまでに、三途の川はありませんでした」と言います。
「でも、こんなことはあるかもしれません。あの世からは、この世にいる親しい人に気や念を送れるのですが、まだ来る時期ではない人が、あの世の門をくぐりかけているとき、よく知られている三途の川のイメージを見せて、この世に帰そうとした、といったことは考えられます」

多くの場合、三途の川の話は、この世に生還した人が語っています。つまり、肉体から意識は離れていたのかもしれませんが、あの世には行っていないのです。あの世から送られたイメージか、この世での知識が頭のなかで映像化されたものと思われます。

三途の川と同じように、死出の旅の途中でお花畑を目にするとも語られますが、お花畑は、あの世にかなり近づいて見た光景だろうと、不思議な世界の方はおっしゃいます。光の衣がたくさん集まっている様子を目にして、その美しさをお花畑と思い込んだのではないかということです。

三途の川を渡るのか、お花畑があるのかは、いつかあの世へ旅立つときが来たとき、皆さんの目で確認できるのではないかと思います。

〝三途の川〟や〝お花畑〟は、頭のなかでつくられたイメージでしかない。

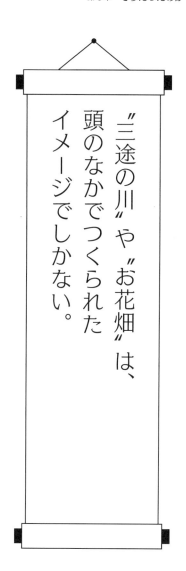

あの世に着いて感じるこの世との違い　7週間のうちにさまざまなことがわかる

光の衣に導かれて、あの世に着いたら、その後はなにが待っているのでしょう。不思議な世界の方がおっしゃるには、肉体をなくして、こちらの世界に来たことを受け入れるのに、多少の時間は必要とのことです。

着いたばかりは、生前の肉体の感覚が完全に消えてはおらず、まだ身体があるような錯覚があると言います。五感も完全に消え去ってはいないのですが、味覚と嗅覚はだれもが生前と同じような感覚で残り続けているようです。

思考もすぐに切り替えられる人は少なく、心の整理がついてない人も多く見受けられます。

肉体がないだけで、生前の続きをしばらくはしている感覚のようです。やがて、

肉体がないことを理解し始めると、周りのことも少しずつ見えてきます。まず、あの世とこの世とでは、時間の流れが異なることに気づきます。

肉体がないので、歳をとる感覚がないということも、わりとすんなりと受け入れられます。

肉体がない意味を考えるようになり、欲が減り始めていることに気づきます。一方で生前、物に対する執着心が強かった人は、自分の持ち物に対する気持ちが呼び戻されたりすることもありますが、身体がないから物は必要がないのだと、葛藤を繰り返しながら気づいていきます。

あの世に着いて7週間くらい経つと、次

の感覚が芽生えてきます。あの世で過ごすための準備が整うのがこのころです。

まず、睡眠がとれるようになります。この睡眠は、この世での眠る感覚とは違い、まったく記憶に残らない空白の時間が訪れるといったものです。

生前の感覚で言う睡眠時間はまちまちで、数時間で目覚める人もいれば、数年眠り続けている人もいるようです。

あの世では、自分の人生をすべて振り返ることをしなければなりません。それがだれもがやらなければならないことであり、さらに先に進むために必要だからです。その振り返り、見つめ直しが、どこまで進んでいるかが、睡眠によってわかるようです。

肉体感覚は、味覚と嗅覚を残してほとんどなくなります。それまで感じていると思っていた気温も、感じなくなります。

日が昇り、日が沈むという一日の流れのなかで過ごしていないことが、受け入れられていきます。

7週間、49日間がひとつの目安になっているようです。仏教で四十九日と言えば大切な法要のひとつ。四十九日を過ぎて、やっと亡くなった人は次へと向かうのです。昔の人は、こういったことがわかっていて、教えとしたのではないかと私は思います。

あの世とこの世では時間の流れが違う。
肉体感覚は、
味覚と嗅覚を残すのみとなる。

あの世で行う人生の振り返り　言い訳のできない世界が待っている

あの世で、だれもがやらなければいけないことは、この世での人生のすべての振り返りです。良いことも悪いこともすべて、包み隠さずに顧みなければなりません。あの世では、人生の真実を、映像として何度も繰り返し見せられます。

よく、死の間際に「走馬燈のようにそれまでの人生が浮かんだ」という話を聞きますが、これは、潜在意識のなかに仕舞い込まれた、あの世に進んでからやるべき振り返りを、無意識のうちに行っているのではないかと思われます。

また、死を迎える前に、なぜか写真やアルバムを整理したり、住所録をまとめたりすることがあるとも聞きますが、これもあの世で行う人生を顧みる準備を無意識のうちにしているのかもしれません。

人生の振り返りは、一部の人には、とてつもない苦行となります。というのも、繰り返し見せられるのは真実のみ。言い訳のできない世界だからです。

人に対してひどい仕打ちをして、そのことを後悔したまま、あの世に来たとします。すると、その後悔をひたすら繰り返し見せられるのです。自分ではわかっていなくても、知らないところで人を傷つけるような行為をしていたとしたら、それが繰り返されます。

例えば、オレオレ詐欺に関与していた人がいたとしましょう。自分は主犯者ではなく、言われるままにお年寄りからお金を受け取って、そのお金を渡しただけで、直接手をくだしてはないと言い訳をしたとします。でも、人生の振り返りで見せられるの

は、すべての真実です。全体像が見せられるのです。詐欺でお金を騙し取られて嘆き悲しむお年寄りの姿。それによって自殺をしてしまった人がいたとしたら、ひたすらその真実を見せられるのです。隠し事は、一切できません。

生前に行ってきた、嘘、偽り、強欲、傲慢、悪事、それによって傷つき悲しんだ人……それらが目の前に、無限ループのように繰り返されるのです。

殺人を犯した人は、ひたすらそのシーンを見せられます。相手の痛み、悔しさ、無念さなども、自らのことのように感じ取ります。自殺をした人は、その行為と自らの後悔が何度も繰り返されます。

私は、不思議な世界の方にこの話を聞いたときに、閻魔さまは自分なんだと思いました。

あの世で、人生のすべてを振り返るというのは、自分で自分の生き方を顧みて、そして判断するということ。この世に生きていて、自分の人生のなかで行ってきた良いこと悪いこと、すべてを知っているのは自分自身です。また、自分で知らないところで人を陥れていたとしたら、自覚が足りなかったと理解しなければなりません。裁くのは、閻魔さまではなく自分自身なのです。それが、あの世で行わなければならない重要なことのひとつなのです。

多くの人を騙して、自分は大金持ちになった人がいるとします。その人が見せられるのは、お金を得たことではなく、さんざん苦しめた人たちの状況や思いです。

いじめを知っていて、見ないふりをしていたとします。その人が見せられるのは、いじめられた人の苦しみ、助けてほしかったのになにもしてくれなかった周りの人たち、そしてなによりもあなた自身の後悔の思いです。

「知らなかった」と言い訳できるのでしょうか。不思議な世界の方によると、あの世にはすべての真実が記録されているところがあるそうです（これは次の項で説明します）。ですから、隠し事、言い訳はできないのです。

後悔の念を持ったままや、罪の意識を抱えたまま亡くなられた場合は、何度も繰り返される無限ループから抜け出すことができません。まさに無間地獄。

この世での生き方が、あの世での過ごし方に大きな影響を及ぼしていることがよくわかります。

もちろん、善行を数多く行ってきた人にとっては、天国であることは間違いないと不思議な世界の方はおっしゃいます。

閻魔大王とは自分自身であることに気づく。

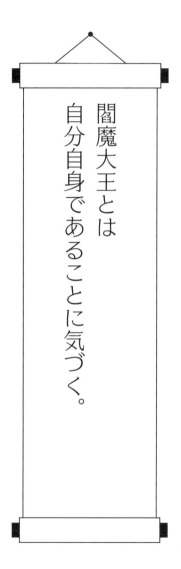

自分に嘘がつけないのは「人類記録所」があるから

あの世にある、すべての真実が記録されている場所とは、どんなところなのでしょう。不思議な世界の方から教えていただきました。

「こちらにあるのは、すべての人の一生が記録された〝人類記録所〟です。そこに記録されているのは、あらゆる真実です。膨大な量の記録がありますが、自分の一生の記録はすぐに見ることができます」

この人類記録所に残されている記録は、名を残した人、無名の人の関係は一切なく、生き方の分類などもなされていないと言います。当然、膨大な量であるはずですが、「元をたどってみると１００人の記録から始まっているので、人類が１００人になったときからスタートしたのではないか」と不思議な世界の方。

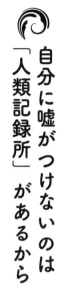

ここに残された一生の記録は、人生の振り返りの手助けとなります。ですから、自分の記録はすぐに見ることができます。残されている記録は真実のみ。自分で把握していなかった、初めて知る事実もあるかもしれません。どちらにしても、あの世での人生の振り返りに、ごまかしや、言い訳はできないということです。

自分以外の記録を見ることも可能ですが、あの世での学びが進まないと閲覧はできないようです。中国四千年のおじちゃまから、興味深いエピソードを聞きました。

「織田信長は、本能寺の変で命を落としたとされているようだが、人類記録所には享年72とある」

本能寺の変のときの信長の年齢は49歳。中国四千年のおじちゃまが見た記録が、間違いなく信長のものだったとしたら、23年間どこかで生きていたことに……。

人類記録所がある場所は、時間と空間を合わせた場所としか言いようがなく、この世の表現では「五次元」というのが最も近いかもしれないと、ブルーグレーのおばちゃまは言われました。

「人類記録所」によると、
織田信長は本能寺の変では
死んでいない。

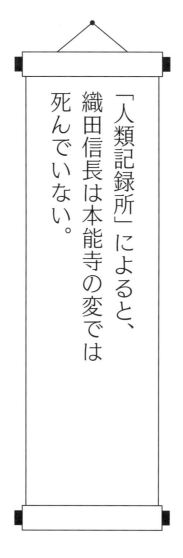

あの世では地球と私たち人類の関係に気づく

あの世に来てからの気づきには、個人によって差があります。天寿を全うして来られた方は、いち早く感じ取る方が多いようです。最終的には、高齢で亡くなられた方も、若くして亡くなられた方も、罪深き人も、そうでない人も、皆が知り、心を清めることから始めます。

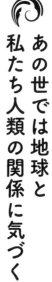

それと、とても大きな気づきは、私たちが暮らしている地球のことです。生きているときに、地球のことを意識して生きている人は、あまりいないでしょう。あまりにも大きすぎて、ちっぽけな存在でしかない人間は気づかないことばかりなのです。この地球は、息づいている、まさに生き物のような存在です。

比較的すぐにわかるのが、太陽と月の引力に変動があることです。地球ばかりか、太陽と月との関係も不変なものでないことがわかります。さらに、地球の極《きょく》運動のこともわかります。地球の自転軸の向きや回転速度も一定でないこともわかります。

壮大な気づきはまだ続きます。この世の時間で5年ほどをあの世で過ごすと——地球の極運動の円の大きさが、年によって違うのがわかります。地球自体のことでは、大気の流れや海流がなんのためのものなのか、その営みの理由が理解できます。もっと大きな視点では、太陽から放射されている太陽風から地球を守るために、磁場を強くして戦っている地球の姿を知ります。

さらに、この世の時間で10年ほどをあの世で過ごすと——地球に生かされていたことを実感できるようになり、「地球あっての自分だった」と、深く理解します。

さらに、気づきが進めば、この世に生まれた本当の理由がわかり、それとともに前世の生き方もなんとなく理解できるようになります。

あの世では、生あるものはすべて地球に生かされていたことを知る。

生の意味を追求することがあの世では大切なこと

肉体がないことを受け入れてわかってくる、肉体があったからこそ生じていた欲のこと。これが、気づきのひとつとなります。

「きれいになりたい」「お金持ちになりたい」「ブランド品がほしい」「おいしいものを食べたい」「出世したい」「大きな家に住みたい」といった欲は、肉体があるから生じていたもの。なくなってみると、よくわかるそうです。

肉体がないから服は必要ありません。食べ物も必要ありません。高級品を持つ意味もなくなります。大切だと思っていたことや、それまでの価値観がまったく変わります。なんのために働いてきたのか、なんのために生きてきたのか、欲を満たすためだったのか……。それを追求するのが、あの世では大切なことなのです。

ものの見方や考え方は、自らつかんでいかなければなりません。それまでと異なる感覚も自分で受け入れなければなりません。これらのことは、教えられるものではなく、自分自身でものにしていかなければならないことです。

あの世での過ごし方は、すべて自己管理です。

日々をタラタラと過ごしても、だれからも咎められません。気づきのチャンスは至るところにありますが、なにも意識をせずにいると、学びの機会をみすみすと逃してしまうことになります。ただ、それも自分自身のこと。自らが判断していけばいいことです。

あの世には、この世の時間で何十年経っても、まだこの世に思いを馳せていて、気づきも少なく、学びもできていない人もいると不思議な世界の方に聞きました。一方で、地球との関係性を理解し、次の世界に思いを馳せている人もいるようです。それも、個性なのだと不思議な世界の方はおっしゃいます。あの世の暮らし方は、この世と同じように個性がにじみ出るもののようです。

あの世ではなにもせずに
過ごすこともできるが、
気づきや学びは遅れることになる。

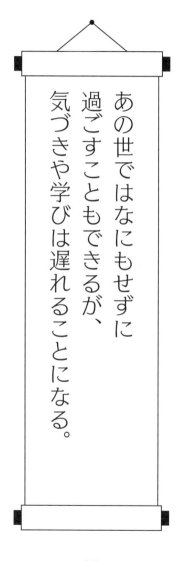

不思議な世界の方に聞いた あの世での楽しみ事

あの世での楽しみ事を、風呂敷おじちゃまに教えてもらいました。

「こちらでは肉体がない分、随分と楽で過ごしやすく、いろいろな楽しみ事もあります。楽なのは、毎日なにを着ようかなと考えなくていいこと、歯を磨かなくていいこと、女性なら化粧をしなくてもいいんですよ」と笑っておられます。

あの世でも、それぞれに個性的な暮らしができるそうなので、楽しみ事もさまざまのようですが、おじちゃまは「地球のために働けることが一番」だと言います。

自分自身が地球の一部であるとわかり、その地球のためにできることがあると気づくのが一番の喜びであり、壮大な心地よさを感じるのだそうです。

学びの段階によってできることも増えていき、魂同士で会話することも可能となります。これには、双方の光の衣の輝きが濁らずに色が合うことが必要で、会話は、言葉に出すのではなく、お互いの思考が通じ合うといったもののようです。

この世で生前に会った人との再会も、同様の条件のもとで可能となります。そのときは、お互いが記憶しているこの世での容姿が一瞬見えると言います。

歴史に興味があれば、人類記録所で歴史の真実を見るチャンスも訪れます。先ほど、中国四千年のおじちゃまから聞いたことも、ぜひ確認したくなります。

光の衣の輝きが増せば、地球の表面のすべての場所を見ることができます。

学びの進み具合や能力の差はあるようですが、この世の少し先のことが読めるようになります。この世では、時間は過去から未来へ一方通行で流れているように感じていますが、あの世では、時間が先に進んだり、後戻りしたりする感覚を体験できると言います。

第２章で説明します「ホットライン」を使って、この世の人に近未来のことを伝えられるのは、この先読みができるからなのです。

あの世では、
この世の少し先の未来が見える。

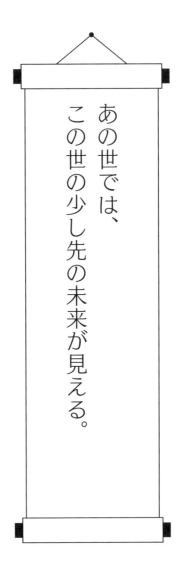

光の衣の正体は〝水〟

あの世に進む合図となって現れる光の衣は、あの世ではずっとまとったままです。

不思議なことに、光の衣をまとうと、まるで無音室に入ったときのように、振動がまったく伝わらない状態となるそうです。この世では、衣服が肉体を守るものでしたが、あの世では、光の衣がそれぞれの魂を守る役割を果たしています。

さらに光の衣は、まとった人の心の内をも表します。気づきや学びが進んでくると、輝き具合が異なってきます。周りの光の衣の輝きと、自らの光の衣を照らし合わせると、自分の状態や位置づけが測れるのだそうです。

恨みを抱き続けていたり、後悔ばかりでなにひとつ学べていなかったりすると、この光の衣は濁って見えるので、すぐにわかります。

光の衣が濁ると、さまざまな支障をきたします。あの世の睡眠に異常をきたすこともあります。このあとに説明する「ホットライン」もうまく働かなくなってしまいます。

光の衣を輝かせているためには、気づきや学びを多く持つことが大切なのですが、こういった取り戻し方もあると、不思議な世界の方に教えていただきました。

それは、太陽の光のシャワーを浴びて汚れを落とすやり方です。

濁った光の衣をまとったまま、太陽に向かって上昇していき、輝きを取り戻すのだそうです。

この話を聞いて私は、亡くなりし人を偲び、天を仰ぎ見るのは、この世の人がどこかでこのことを覚えていて、そうしているのかもしれないと思いました。

「光の衣の正体は、水です。それも、超ミクロの水の膜なのです」

と不思議な世界の方。驚くほど薄い水の膜が、光の衣の正体なのだそうです。

水は、地球にとっても最も大切なもののひとつです。その水が、あの世にいる多くの魂たちを守っているのです。水が濁れば、地球自体にも多大な影響が及びます。だから、光の衣も濁らないようにすることがとても重要なのです。

光の衣を濁らせないように
気づきや学びを多く持つことが大切。

第2章 あの世とこの世をつなぐ「ホットライン」

その存在を信じる者だけが恩恵に浴す

第1章の後半に出てきた「ホットライン」のことを説明します。この「ホットライン」の存在をお伝えするのが、この本の一番大切な役割だと思っています。「ホットライン」によって、この世とあの世をもっとつなぐことができれば、大切な人を亡くしたときのつらく寂しい思いを、少しは減らせるのではないかと思っています。

迫り来る危険から回避できる可能性が高くなるとも信じています。良縁を手にしたり、チャンスをつかんだりもしやすくなるでしょう。

この世とあの世のつながりを、この本では「ホットライン」と呼んで説明します。〝つながる〟と言っても、携帯電話のように会話ができるわけではないようです。

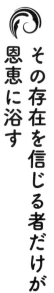

感（勘）が働いて危機を回避できたとか、ひらめいて思わぬ幸運を招き入れたというようなことは、ホットラインからのメッセージである可能性が高いでしょう。

ただ、最初にお願いしておきたいことがあります。まず、ホットラインの存在を信じてください。信じていないと、この機能も働きません。

あの世のことも同様です。亡くなった人があの世にいることも、信じてください。信じるからこそメッセージを受け取ることができるのです。存在を否定していては、メッセージが届いても受け取れません。そもそも気づくことすらないかもしれません。

例えば、知らないところから宅配便が送られてきたとしたら、受け取りを拒否しますよね。

科学的な証明はいまのところできませんが、いつか解明される日が来ることでしょう。それまで待つのもいいですが、まずは信じきることでホットラインを太くつなげ、あの世からのメッセージを感じ取ることを始めてほしいと思います。

ひらめきや虫の知らせ、
感(勘)が働くなどは
ホットラインからのメッセージ。

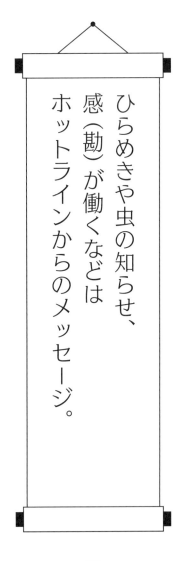

ホットラインはこの世の側からアプローチしないとつながらない

ご相談を受けるなかで、ホットラインを通したアドバイスを感じることもあります。さまざまなご相談者のなかで、この方は自分の意思で来ているのではなく、だれかに連れて来られたのではないかと感じることがあります。話を伺っているうちに、「あぁ、私にこのことを言わせたいんだ」と感じ取れます。そういったときには「私が感じていることを信じてくれる？　少しきついことを言うかもしれないけどいい？」と、念を押してからお話します。

恋愛のご相談の場合は、相手の人が真剣にお付き合いしていないとか、相手には妻子がいることを伝えることもあります。私は相手のことを知っているわけではないので、私ではなく、ご相談者のことを気にかけているあの世の方が、私を通して伝えたい内容なのだということがわかります。きっといつも気にかけているのでしょう。

自然災害から偶然としか言いようがない出来事で災難を逃れた事例も数多く知っています。

「大学をどこにしようかと真剣に考えていると、駅に貼ってあった大学のポスターが大きく見えたので、そこを受けたら合格した」といった、偶然と言えないような出来事は身近に起こった事実で、亡くなっている父親からのメッセージだったと感じました。

歴史に名を残している発明家は、1%のひらめきが重要だと言いました。99%の努力を見ていたあの世の方が1%のひらめきを、ホットラインを通して送ったとも考えられます。

新商品を作るには、ひらめきが最も大切だという開発者がいます。ビジネスの成功者には、アイデアが突然浮かんでくるとか、サポートしてくれる人がたまたま現れるとか、抜群のタイミングでチャンスが訪れることがよくあると言います。

友だちの代わりに参加したパーティーで理想の男性に出会えたとか、海外旅行先で偶然に出会った人と帰国後、お付き合いが始まったなど、挙げ出したらきりがありません。

ホットラインがつながるメリットはそれだけではありません。

肉親を亡くして嘆き悲しんでいる人、愛する人を亡くして生きる力を失っている人、親を亡くした人、子を亡くした人、夫を、妻を、兄弟姉妹を、恋人を、親友を……。二度と会えない、二度と話ができない、二度と抱きしめられない、二度と触れられない、その悲しみはいかばかりのことかとお察ししますが、どうか必要以上に悲しまないで、ホットラインをつないでみてください。きっと身近に感じることができるはずです。亡くなられた方が、いつも見守ってくれていることがわかることと思います。

亡くなった人は、あの世から、この世で生きている人を見ています。身内やとても親しかった人のことは、特に気になって仕方がありません。機会があれば、つながりたいと思っているのです。

あの世では、気づきや学びが進むと、全体像を把握することができ、少し先読みもできるようになります。この世での真実と、ごく近い未来がわかるようになります。そうなると、親しかった人に危険が迫っていれば知らせたくなります。チャンスが近づいていれば導きたくなります。それをホットラインを通して伝えたいと思うのが、心情というものです。

ホットラインが機能すれば、あの世からはさまざまなメッセージを送ることができます。生きている私たちは、受け取ることで、大難が小難になり、危険を回避でき、良縁にも恵まれることができます。亡くなった親しい人と会えないといった寂しい思いも少しは和らぎます。

ところが、このメッセージは、この世で生きている人からホットラインをつなごうとしないと、送りづらいのです。それを知らないばかりに、ホットラインを活用しきれていないのです。次に、ホットラインのつなぎ方を詳しく説明しますが、生きている人が、亡くなった人を心より思うことがとても重要なポイントになります。

ホットラインで届けられるのは、
ちょっと先のあなたのことを
見通したうえでのメッセージ。

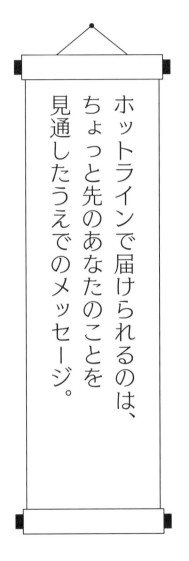

ホットラインをつなげるには、亡き人に心からの愛情を持つことが必要

「この世とあの世をつなぐには、この世で生きている人が、生前とても親しかったあの世に逝ってしまった人のことを深く思い出すことです。そうすれば、ホットラインが動き出します」と不思議な世界の方から教えていただきました。

亡くなられた方を思い出すと言っても、「あいつはイヤなやつだった」とか、「なにも残さずに逝ってしまって」といった、恨みつらみを思い出してもつながりません。愛しい気持ち、心から会いたい気持ちで思うことが大切だということです。

「昔の人は、この世とあの世をつなぐことができると、現代人よりも信じていました。ホットラインのつながりも、昔のほうが数が多く、つながり具合も太かった」と不思議な世界の方はおっしゃいます。昔の人の思いが参考になりそうです。

私たち日本人は、太古の昔から、ご先祖さまに手を合わせて、さまざまなお願いをし、祈りを捧げてきました。

「どうか、○○家が絶えないように、お守りください」

「家族みんなが、無事でありますように」

死がいつ訪れるかわからなかった戦国時代などは、生き抜くためにご先祖さまにお願いすることは、当たり前のように行われてきました。神さまよりも、故人や亡くなっている親族が、身を守ってくれる存在と思われていたのです。そして、願いが届いたからこそ、この行為はいまも続いています。

私たちは近代になっても、春と秋のお彼岸には、お墓参りをします。お盆には、仏壇にご先祖さまを迎えて供養をします。仏壇をお持ちの家は、随分と減ったことと思いますが、それでも毎日手を合わせている人は、多いのではないでしょうか。

この、お墓参りや仏壇に手を合わせることは、故人を偲ぶ思いの表れです。まさに、ホットラインをつなぐための行為と言えます。さらに、私たちは、手を合わせて亡くなられた人を悼むとともに、その先のご先祖さまにも気持ちを運んでいます。これが、ホットラインをさらに太くすることにもなるのです。

基本的には、この世で会ったことのある人としかホットラインはつながりません。でも、会ったことのある人を通して、その人が会ったことのある人へとつながっていくことがあるのです。そうなることでホットラインの数が増え、太くなってつながりが強くなっていきます。

血縁や親族はホットラインがつながりやすいのですが、血縁者を知らない人もいます。私も、私を産んでくれた親のことは知りません。でも、すでに亡くなっている育ての親とはつながることができます。血のつながりがなくても、ホットラインでつながることはできるのです。

とてもお世話になった恩師、一人前に育ててもらった上司、欠かすことのできない仲間、お互いに想い合った相手とも、つながることはできるのです。

ホットラインをつなげるのに大切なのは、お互いの思いです。

仏壇やお墓に手を合わせるのも
ホットラインを作動させる有効な手段。

結婚すると相手のホットラインも加わり、サポートが増えてより生きやすくなる

不思議な世界の方にお話を伺っていると、結婚自体がホットラインを強化する行為であることがわかります。

結婚をすれば、親族が増えます。親族にとてもかわいがられている結婚相手には、たくさんのサポートが届きます。幸せになるためには、結婚した相手であるあなたにも幸せになってもらわなければなりません。そうすると、血のつながりはないものの、相手の親族からもホットラインを通したメッセージが届くことになります。見守ってく

れるホットラインが増えるのです。
もちろん、結婚相手、その親族を大切に思う気持ちがなければホットラインは太くつながりませんが、メッセージをキャッチできれば、より幸せに生きていくことができるでしょう。

ホットラインを増やすには、
自分の血縁だけでなく
相手の親族も大切にする。

あの世とつながるホットラインは、この世の人同士でもつながることができる

あの世とこの世をつなぐのがホットラインの基本ですが、結婚同様、この世で生きている人を通してホットラインを太くつなぐことも可能です。

親友や恋人、仕事仲間やスポーツのチームメイトなど、お互い信頼関係を強く持ち合う同士は、相手の思いによって自分のホットラインを太くすることも、こちらからの思いによって相手のホットラインを太くすることもできるのです。

親友の成功を心から願うことで、親友の持っているホットラインがより太くつながるようになり、自分の思いを通して、親友に成功や幸運がもたらされます。

チームスポーツなどでも、よく聞く話です。

ホットラインは、万物に作用するものであると言えるのかもしれません。

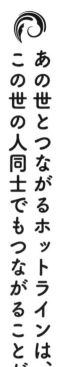

厚い信頼関係の仲間同士では、
こちらの思いが相手を通して
相手のあの世にいる大切な人へと届き、
仲間同士に成功や幸運をもたらす。

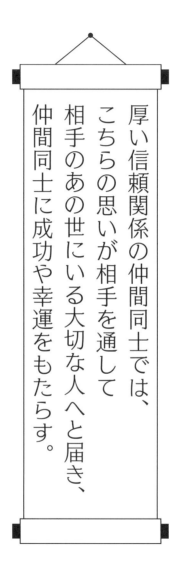

ホットラインをより太くつなげるには、形式よりも言葉と思いが大切

ホットラインからのメッセージを受けるためには、より太くつないで、確実にこちらの思いを伝えたほうがいいようです。

お墓参りに行って手を合わせる行為が、形だけのものになっていませんか。仏壇に手を合わせるのが、ただの習慣になっていませんか。大切なのは、心より故人を思い出し、故人に対して感謝の念を持つことです。

供養というと、お経を読み上げるとか、食べ物を供えればそれでいいと思われがちですが、最も大切なのは感謝の気持ちを届けることなのです。そのために、お墓や仏壇の前で手を合わせたら、そこに愛しい人がいるかのように語りかけてください。言葉にするのがいいのです。

その際には、亡くなられている人の名前と自分の名前を言ってから、具体的にお願い事を言いましょう。

「○○さん（会いたい人のお名前を呼びかけます）、△△です（ご自分のお名前を言います）。◿月◿日に息子の受験がありますので、どうか緊張しないで試験を受けられるように見守ってください」といった感じです。

「○○さん、△△です。いまお付き合いしている◇◇さんと結婚すると幸せになれますか？」と聞けば、近いうちにメッセージが届くことでしょう。

「○○さん、△△です。いま進行中の□□プロジェクトが成功するために必要なことはあとなんでしょう」と問えば、きっとヒントが届きます。

私が父とホットラインでつながったときのことを、参考までに紹介します。

腰が痛くてベッドから起き上がれなくなってしまったときでした。歩くのもおぼつかないような状態だったので、これはまずいと思い、父にお願いをしました。

「クニシゲさん、照子です。お願いです、腰を温めて！」

名前を呼ぶのは少し照れくさいのですが、お父さんと呼びかけないのは、あの世にはお父さんだった人がたくさんいるからだと、不思議な世界の方に教えていただきました。お願い事は、「腰を治して」とは言いませんでした。原因がわからないと、治しようがないと思ったからです。より具体的な言葉が必要と聞いていましたので、温めてくれるようにお願いしました。さらに、このお願いは寝る前にしました。身体の調整などは、寝ているときのほうが効果的なようです。おかげさまで、病院にも行かずに2、3日で楽になりました。

お墓や仏壇の前で行うのが、ホットラインのつながりを太くするためには効果的ですが、別にお墓や仏壇の前でなくても大丈夫です。大切なのは、そのことだけに集中できる、だれにも邪魔されない時間と空間を準備すること。なにかの片手間にするのは、お勧めできません。

日頃から、故人を偲ぶ習慣を身につけておくと、ホットラインからのメッセージを受け取りやすくなります。私がこれまでの著書『新装版　「不思議な世界の方々」

から教わった予知能力を高める法』（実業之日本社）や『心を整えて幸せを呼ぶ64の方法』（学研プラス）で紹介した、「感」の高め方はとても有効です。ぜひ試してみてください。例えば、私がいまでも毎日実行している、朝4時に起きて、太陽の昇る方角に向かって「ガバジャラミタ」と唱えるのは、そのなかの代表的なひとつです。私流の儀式もいろいろと行っています。

さらに大切だと感じているのは、自分の時間を持つことです。自分のことを振り返ったり、自分自身を慈しんだり、心を遊ばせたり、気持ちを喜ばせたり、自分との会話をする時間です。そして、その時間を存分に楽しむことです。私は、原稿を書くのは毎日の楽しみですし、自分との会話で何時間でも過ごせます。

私がなぜ、「感」を磨こう、自分の時間を大切にしようと言い続けているのか、それはきっとあの世との関係にあるのです。

不思議な世界の方々とつながり、会えているのも、これらのことができているからなのだと感じます。

ホットラインをつなげるには、
名前を呼んで、具体的にお願い事を
言葉にするのがより効果的

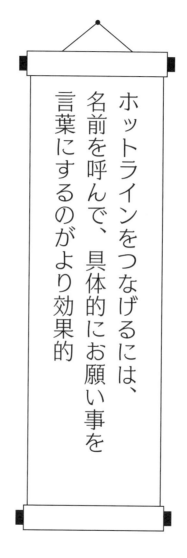

ホットラインから届くメッセージは、身の回りに起きる出来事から読み取る

ホットラインから届くメッセージは、会話として聞こえてくることはほとんどありません。普段の体験のなかに、込められていることが多いようです。

例えば、ひらめき、虫の知らせといった表現でよく表されること。偶然の出会いもそうです。普段は気にもとめないのに突然鮮明に目に飛び込んでくるといったこと、自分の常識を越えたところで提示される数字や映像に込められていることもあるようです。よくわからないけどイヤな感じというのもそうかもしれません。どうしても必要なお金の金額が、タイミングよく臨時収入としてあったといった経験をお持ちの方や、自分にとって都合の悪い人が自然と離れていったという方もいらっしゃるようです。

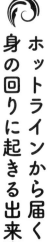

メッセージにも個性があり、当初はわかりづらいと思われるかもしれませんが、ホットラインのつながりが実感できてくると、より明確にわかるようになってくることでしょう。

送られてくるメッセージは、
常識にとらわれていると
見逃してしまいがち。

ホットラインがつながる期間には限界がある

ホットラインでつながることができるのは、期限があると風呂敷おじちゃまに教えていただきました。

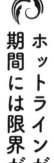

「ホットラインは、そちらの世界で生きている人が、こちらに来た人を深く思い出すことによってつながります。ですから、〝この世〟で思い出してくれる人がいなければ、ホットラインはつながらなくなります。つまり、ホットラインを使える期間は思い出してくれる人がいるまで。いなくなったら終了です」

例えば、80歳で亡くなった男性がいるとします。15歳のお孫さんがいて、とても大好きだったおじいちゃんのことを深く思い出すと、ホットラインはつながります。

ただ、そのお孫さんも歳を重ねるうちに、次第に思い出すことも少なくなるでしょう。すると、ホットラインのつながりは薄くなります。60年も経てばお孫さんも75歳となり、やがて死を迎えると、おじいちゃんのことを知っている人がこの世にはだれもいなくなります。そうなると、先にあの世に行っているおじいちゃんのホットラインは完全に消滅するのです。

あの世にいる人は、生前に心を通わせた人とは、ホットラインを通してつながりたいと思っています。あの世から見ていて、気になることを伝えたくて仕方ないのです。でも、あの世では思ってくれる人の思いの真実がわかってしまいます。ウソの思いを送っても、ホットラインは薄くしかつながりません。

たとえ親子であったとしても、心から信頼し合っていたのか、いがみ合っていたのか、隠しようもなく明白となります。自分の都合だけの思いを送っても、ホットラインは有効には働きません。お互いに思い合っていたと信じていても、実はどちらかが無理をして、そのふりをしていたとしたら、やはり同様です。

この世で思い合っていた同士のどちらかが亡くなって、この世にいる者から心より会いたいという思いを送ると、あの世にいる人とホットラインがつながり、送ってくれた愛しい人を守ってあげようと、さまざまなメッセージや合図が送られてきます。

ホットラインをつなぐことができるのは血縁関係だけではないと言いましたが、あの世では肉体がないので、血のつながりという意識も少しずつ薄れていくようです。ただ、血のつながり＝縁の深さというのはあるので、血縁関係のパイプラインは太くつながりやすいのだそうです。

ホットラインからのメッセージにより、自然災害から身を守ることができたり、危険を事前に察知して回避できたり、思わぬ幸運を手にしたり、良縁に恵まれたりすることもあるでしょう。ときには寿命を延ばすように働くこともあるようです。

「基本的に、この世に生きている人たちの思いによるものですから、そちらからこちらの世界に思いを届けてもらわない限り、ホットラインは太くつながらないのです。主導するのは、生きている人たちのほうです」と不思議な世界の方。

それでも、ホットラインをつなぐことのできる期間は、あの世に来て間もなくから、思い出してくれる人がこの世で生きている数十年までなのです。

あの世に行った人を
思い出してくれる人が
この世にいるあいだが、
ホットラインのつながる期間。

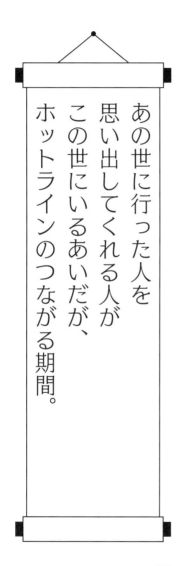

昔とは変わったホットラインのつながり 自分の頭で考える時間が減るのは危険

現代は、コンピュータが世界を席巻し、娯楽がたくさんあるために、物事をじっくりと自分の頭で考える時間が減ってしまいました。そして、じっくりと味わう楽しみ事も姿を消してしまいました。

「雪光　月光　星明　蛍の光」

いまの私たちには想像もできないほどの暗闇の世界のなか、自然の光をありがたく思い、楽しんでいた当時の人々。

「昔の人の風流心など、パソコンやゲーム、スマホに熱中し、考えることから逃避した御仁にはわかるまい」と、中国四千年のおじちゃまはおっしゃいます。

知りたいことを調べる時間は短縮されました。でもその分、現代人の覚える力、記憶力は衰退してしまいました。

電車に乗って携帯でゲームをしているあいだ、時間はつぶせても、その時間は心が囚われ、自らの思考を停止してしまっています。

歩きスマホも同様です。人通りの真ん中で立ち止まってスマホに見入っている人を目の当たりにすると、いま突然、自然災害に襲われたとしたら、この人は逃げられるのだろうかと危惧してしまいます。

私は常々、〝私であること〟を自覚しています。不思議な世界の方の教えである「己を忘れることなかれ」を大切にして暮らしています。「思考から離れている時間を減らしなさい」とも言われました。

習慣になってしまっているスマホを持

つ手との決別、ゲーム依存症からの脱却……。50年前、100年前の日本に戻れとは言いません。でも、時間を浪費することがあまりにも多すぎる現代。己を知る、己を考える、そういった時間を少しでも多くとってほしいのです。そして、自分の感性が喜ぶ時間をきちんと楽しんでほしいのです。スマホのゲームをしているとき、あなたの感性は本来の喜びを感じていますか？

自分との会話の時間を持つだけでも感性は磨かれます。感性が高まると、奇跡とも思える出来事が起きるようになります。あの世からの応援者の力を感じることもできるようになるでしょう。きっと、あの世の存在も感じられるようになり、ホットラインのことも信じられるようになります。

風呂敷おじちゃまは、「あの世からいくら発信しても、キャッチするこの世のほうに受信できる機器がないために、わかってくれないのが残念だ」と言われます。

あの世からの発信を受信できる機器ができると、あの世があることも証明できます。この世の生活も随分と変わるでしょう。あの世の存在を信じる人が増えると、そういった機器ができる日が近くなると感じました。

ただ現代、かつてないほどに、科学が作り出した電波や光線、波動が地球を覆い尽くしています。これが、ホットラインのつながりに、かなりの悪影響を及ぼしているのは間違いがないと、不思議な世界の方はおっしゃっています。

> ホットラインのつながりが
> 悪くなるのは、
> 情報を一方的に受けるだけで
> 自分の頭で考えなくなったとき。

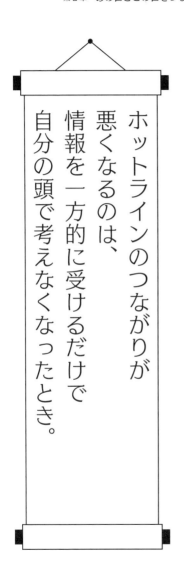

いますぐできる！
不思議な世界の方に聞いた
ホットラインをつなげる特別な方法

ホットラインをつなぐ方法は、この世で生きている私たちが、生前に思いを寄せた人に心から会いたいと思うことです。思えばいいだけなのですが、うまくホットラインがつながっていないと感じているときは、不思議な世界の方に教えていただいた、次の方法を試してみてください。

用意するものは高価である必要はありません。１００円ショップで売っているもので十分です。

◆磁石（方位が確認できるもの。スマートフォンのアプリよりも実際の方位磁石のほうがよさそうです）

◆名刺の大きさ、あるいはトランプカードの大きさ程度の紙と筆記用具
◆鈴（お好みの鈴で結構です）
◆飲み物か生ものでないお菓子、同じものをふたつ

時間や場所に決まりはありません。「会いたい」と思ったときに、心が落ち着くところであればどこでも大丈夫です。

以下の手順で進めます。

❶磁石で方位を確認して、正しく北を向いて座ります。目の前に紙と筆記用具と鈴を、手の届くところに置いておきます。

❷手を合わせて、ゆっくりと大きく深呼吸を3回します。

❸両手をひざの上に置き、「お目にかかります」と声に出します。

❹心が落ち着くのを待ち、カードを見つめます。これからカードに会いたい人の名前を書きますが、決して急がずに書きたい気持ちが高まるのを待ちます。思いが十分に高まったと感じたら、会いたい人の名前を呼びながら紙の中央に丁寧に書きます。縦書きでも、横書きでも構いません。書き終えたら、その日の年月日と自分の名前を書きますが、横書きの場合は右下に、縦書きの場合は左下に書きます。

❺書いたカードを前に置いたまま、鈴を手にして静かに鳴らしながら、心のなかで「△△（ご自分の名前）の音色です」と何度となくつぶやきます。鈴は多く鳴らすのがいいとは限りません。不思議と手が止まります。

❻会いたい人に語りかけてください。時間は3分くらいまでになさってください。一日に1度だけが適していると思います。

❼交信が終わりましたら、飲み物かお菓子ひとつを「○○○さん、どうぞお飲みください（お召し上がりください）」とお名前を言いながら差し出します。

もうひとつはあなたの分ですから、その場でお飲みになるか、召し上がってください。会いたい人の分は、1日おいてから、やはりあなたがお飲みになるか召し上がってください。会いたい人への飲み物やお菓子は、あなたを守る力が宿っています。決して疎かに扱わないようにしてください。

飲み物やお菓子の味が変わっているのがわかるかもしれません。それは、あの世にいる会いたい人とホットラインがつながった証だと思われます。会いたい人のための飲み物やお菓子を置いておく場所は、直射日光が当たるところや高温になりやすいところは必ず避け、腐敗には気をつけてください。

❽名前を書いたカードは、最高のお守りになります。次回行うまで、身近にお持ちになることをお勧めします。

カードは、ご自分がこの世を去る日まで捨てずにお持ちください。紛失は気にしなくても大丈夫です。このカードは、あの世に行ったときに、再び会うことができのカードの処理は、ご自身が亡くなられたあとの〝おふだ〟になると教わりました。気になさらなくて構いません。あなたの思いは会いたい人に十分に伝わっています。

第3章
ついにわかった！不思議な世界の方々の正体

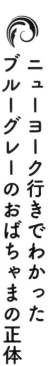

ニューヨーク行きでわかった
ブルーグレーのおばちゃまの正体

私たちは、思いもよらないことが起きると偶然で処理することがあります。

「果たして〝本当に偶然〟なのだろうか？」

こんな疑問が私に起きた物語です。これが「はじめに」にも書きました、この本を書こうと思ったきっかけのひとつです。

２０１５年10月17日にニューヨークへ行くことが決まったのが、その年の６月の終わりごろでした。

私のブログ『幸福への近道』の「世見」では、不思議な世界の方々に伺ったお話や、見えたり聞こえたり、感じたことを毎日お伝えしているのですが、ニューヨーク行きが決まると、ブルーグレーのおばちゃまが来られて、次の番地を教えてくれました。

「ニューヨーク47番通西３０２　HOTEL SHERMAN」

実在する番地かどうかはわかりませんでしたが、いつも通りあまり気にもせず、7月12日掲載の「世見」に、「最近、行きたい国々」というタイトルで書きました。

以下がその内容の抜粋です。

「ニューヨークの47番通西３０２のHOTEL SHERMANにも行ってみたいのですが、このホテルってあるのかなぁ。

又、ニューヨークにこんな番地って存在するのかなぁ。

今日、ブルーグレーのおばちゃまが四時に起こしてくれました。

何となく今書いたところってブルーグレーのおばちゃまとご縁があるようにも思いますが、――

『幸福への近道』は、日本はもとよりアメリカをはじめ多くの国の方々に毎日お読みいただいているのですが、これを読んだロサンゼルス在住の方が、実際にこの番地にホテルがあるのかを調べてくれました。

その結果、この番地には名前は違うものの、ホテルがあることが判明したのです。しかし、わかったのはそこまでで、ブルーグレーのおばちゃまがなにを伝えたいのかは依然不明のまま、ニューヨークへ旅立つことになりました。

ニューヨークへ入った2日後、その方はどうしてもホテルのことが気になると、わざわざロサンゼルスから来てくださり、現地に足を運んで調べてくれたのです。その日の夜、調べていただいた結果を聞くために一緒にとった食事は、「それ本当!?」の一声からスタートしました。

住所の場所にあったホテルはSHERMANではありませんでした。ECONO LODGE（エコノ・ロッジ）というのがそのホテルの名前だったのですが、なんとそのホテルの支配人のお名前がSHERMANさんだったのです。偶然なのか、ブルーグレーのおばちゃまの意思なのかはわからないまま帰国の途につきましたが、驚きは帰国のあとも続きました。

私は当時から『月刊ムー』（ワン・パブリッシング）に連載をしています。その担当編集者にニューヨークでの出来事を話し、『幸福の近道』に載せる予定のニューヨークの原稿を見せたのですが、その後に担当者が調べてくれた内容は〝できすぎている〟としか思えないものでした。

ECONO LODGE（エコノ・ロッジ）の前は、なんとSHERMANホテルという名前だったことがわかったのです。さらに、そのホテルの前は神智学協会の拠点だったというのですが、編集部の担当者は、神智学協会といえばヘレナ・ペトロヴナ・ブラヴァツキー夫人が有名だと言って差し出した本に載っている写真が、まさにブルーグレーのおばちゃまその人だったのです。

驚くことはまだあり、神智学協会においてブラヴァツキー夫人に宇宙の原理を教えた霊的指導者がモリヤ大師というのだそうですが、私を借金苦から救ってくれた社長さんを紹介してくれた方の名前がモリヤさんだったのです。

これだけ重なると、さすがに偶然とは思えなくなってきます。

ニューヨーク行きが決まり、ブルーグレーのおばちゃまからメッセージをいただいたことから始まり、

❶ロサンゼルス在住の方が、ホテルがこの住所にあるのかが気になり調べてくれたこと。

❷その方が、ニューヨークまで来てくれて、現地調査をしてくれたこと。

❸『月刊ムー』の担当者が、私の原稿を読み、調べてくれたこと。

ブルーグレーのおばちゃまに教えられて、「世見」に書いただけのことが、ふたりの手で、ブラヴァツキー夫人にたどりついたのです。

ブラヴァツキー夫人が知らせたかったことは、私が〝不思議な世界〟と言ってい

るのは実在する世界で、それが〝あの世〟であるということだと思いました。

それと、あの世とこの世とはホットラインでつながり、あの世の人はこの世の人を動かす力もあるのがわかります。

いままでどなたも、ご自身のこの世でのことを教えようとされなかった不思議な世界の方が、まるで代表で名乗りを上げられたかのように、ブルーグレーのおばちゃまがブラヴァツキー夫人だと証拠を見せてくれたのが、このたびの出来事でした。

ブルーグレーのおばちゃまが、ブラヴァツキー夫人に間違いがないと思ったら、
「こちらに来て、125年ほどになります」
「ニューヨークのデイリー・グラフィック」という新聞に掲載された、心霊術の物質化現象を、世界のいたるところで目にしたことを伝えたくて仕方がありません」と言われたので、これからもまだまだ私の知らないお話を聞けると思っています。

ブルーグレーのおばちゃまとの出会いがきっかけで書いた『恐怖の大予言』

そもそもブルーグレーのおばちゃまは、私がいまのように原稿を書くようになったきっかけを与えてくれた方でした。もう、随分前のことになります。

自分が経営する会社の事務所で仕事をしていたある昼下がり、語尾が強く迫力のある声が部屋中に響き渡ったのです。

「いまから話すことを書きなさい！」

一瞬のうちに、声の主に身体を支配された気分になりました。すると目の前に、ちょっと太目で目のきれいな外国人のおばちゃまが座っておられたのです。

そのおばちゃまは私に、「書きなさい」「毎日書きなさい」と言ってきました。

「書けと言われても、文才もないし……」とためらう私でしたが、その日からなぜか原稿用紙を用意して机に向かうと、鉛筆が走るのです。自分で書いているのか、だれかに書かされているのかもわからないような状態で書き上げたのが、小冊子『恐怖の大予言』でした。この小冊子を自費で作り上げると、おばちゃまが現れてひと言おっしゃいました。

「明日から忙しくなりますよ」

このおばちゃまは、その後しばらくお越しにならなくなるのですが、ブルーグレーの目が印象的でしたので、それからはブルーグレーのおばちゃまとお呼びすることにしました。

ブルーグレーのおばちゃまの言葉通り、『恐怖の大予言』は神戸新聞で取り上げられて話題となり、大手書店に並びました。『月刊ムー』からは取材を受け、そのときに見えたことを話すと現実に起き、的中したと騒がれ、事務所に手紙が殺到するわ、直接訪ねてくる人が来るわで、それまでの仕事はできなくなりました。

1987年に書籍『宇宙からの大予言』（現代書林）が出版されると、全国から講演の依頼が舞い込み、会まで発足させたのですが、なにせ出かける講演は、一緒に来る方の交通費から活動費まですべて自腹。会費ではまかなえず、結局、仕事もうまくいかなくなり、会もやがて解散。残ったのは借金だけとなってしまいました。

困り果てている私のところに、ブルーグレーのおばちゃまが久しぶりにお越しになり、「明日訪ねてくる人に、いまの状況を話しなさい」とのひと言を言われて帰って行かれました。

次の日、モリヤさんのご紹介で事務所にお越しになったのが、それから25年間お勤めさせていただくことになる食品機械メーカーの社長さんでした。入社後、平穏な日々を過ごさせていただきました。

２００５年、私のために『近未来研究会』というブログを数名の知人が立ち上げてくれたときには、ブルーグレーのおばちゃまが久々に来てくださいました。そのときはひと言も言わずに帰られましたが、「ブログを書きなさい」と言っておられるかのようでした。それから私は、ブログを書くことが楽しみになっていきました。

東日本大震災を〝予言〟したと言われた、震災約１カ月前にブログに掲載した原稿

２０１０年の正月を過ぎたころから、

「事務所を持ちなさい」

と、ブルーグレーのおばちゃまが勧めます。

私は、半年分の事務所維持資金しかないのを知りながら、おばちゃまの言葉に乗せられて、小さな事務所を開き、サイトも『幸福への近道』として、新たなスタートをしました。

事務所を開くと言っても、特別になにかができるわけでもありません。ただ60歳で、会社は契約社員のような立場でしたから、いままでとは違い時間に余裕ができていました。その年の秋に入ると、原子力発電所のことを不思議な世界の方から忠告として教えられて、「世見」に書くようになり、2011年のお正月には「いよいよ来る」、この言葉をよく聞くようになっていきました。

私は、「世見」や「日記」を掲載日に書いているのではありません。早くて1週間前、平均すると10日前の文章をお読みいただいています。その理由は、パソコンができないので手書きで原稿を書き、あとは協力してくださる方にお任せしているためと、私になにかあった場合、書きためていないとブログが休みになってしまうからです。２０１1年2月16日に掲載された文章が、私の人生を大きく変えることになるとは思いもしませんでした。
この文章を書いた朝は、冬の陽差しが心地よく、いつものように地図を開け、指先を地図の上に這わせると、こんな文章になっていきました。抜粋して紹介します。

やはり太平洋側は動く気配がムンムンしています。
「陸前高田」と云う地名が声にならない会話を　自分にしています。
どこにあるのだろうと　探してみると　見付かった。
指で感じ取ろうとしたが　期待ほど感じなかったが　釜石辺りが赤く見えた。
東和と書かれている場所辺りが気になった。
今度揺れると広範囲に思える。
岩手・秋田・山形・宮城・福島・茨城　これだけ書けば当たるだろうと思える県

名だが　書かずにはおれない思いになります。
目の前に5の数字が先程から見えて仕方がない。
千葉も　神奈川も近く揺れると思われるし　東京・埼玉も「なんだこれ」私がおかしいのか群馬も　栃木も　長野も　いつ揺れてもおかしくない事を地図は語ってくれているだけに　私自身　今日は地図を見る力が薄れているのかと　心配になってしまうくらいだ。
もしかすると近日中に何回か揺れを感じるか　かなり広範囲なのかもしれないと思った。

悲しくも書いたことが現実になってしまいました。いまは犠牲になられた御霊に、毎朝4時に手を合わせています。

ブラヴァツキー夫人のことを編集者が調べてくれました。

ヘレナ・ペトロヴナ・ブラヴァツキー（H・P・ブラヴァツキーやヘレナ・P・ブラヴァツキーと表記されます。通称ブラヴァツキー夫人）。

1831年、現在のウクライナで生まれ、1891年にロンドンで亡くなっています。母親はロシアの古い貴族の家系で、父親はドイツの伯爵家でロシアに移民した家系でした。〝近代オカルティズムの母〟と呼ばれており、ロシア、エジプト、イタリア、ドイツ、アメリカ、チベット、インドなどに足跡を残しました。ニューヨークに渡ったのは1873年。

1875年に神智学協会を設立しています。人種、肌の色、宗教、社会的地位などによる一切の差別なしで友愛関係をつくることや、個々の人間のなかに働く精神的な力を研究し、開発することなどを原則として掲げて活動していましたが、霊的なものを探求する姿勢などから誹謗中傷の的となり、いかさま師、詐欺師呼ばわりをされていたようです。宇宙発生論を主題とした大著も盗用の疑いをかけられる一方で、エジソンやアインシュタイン、マハトマ・ガンジーなどに大きな影響を与えたとも言われており、亡くなってから偉大な霊能家であったと評価されています。

亡くなる17年前の1874年には、ブラヴァツキー夫人がデイリー・グラフィック紙に寄稿した「驚くべき霊的現象」という論文が10月30日に掲載されていました。内容は、ある農家で起きた霊的現象などに関するものでした。当時、ブラヴァツキー夫人は超常現象を詐欺だとする懐疑主義者たちから非難にさらされていたのですが、彼らを痛烈な皮肉でこてんぱんにした文章もあったようです。

【参考：『H・P・ブラヴァツキー夫人』（神智学協会ニッポンロッジ）、『シュタイナー入門』（ちくま新書）】

私はブラヴァツキー夫人のことを知ったとき、ブルーグレーのおばちゃまは、自らが果たせなかったことを私に引き継いでやってほしいのではないかと感じました。といっても、私は霊的現象のことを詳しくはありません。私にできることとは……。

私は、小さいころから不思議な世界の方々に囲まれて暮らしてきました。不思議な世界の方々は、とても存在感があり、私には生き生きとして見えます。ブラヴァツキー夫人だってすでに亡くなられている方。ほかの不思議な世界の方が「そちらの世界に生きていたときは……」と話されているのを聞いたこともあります。とすれば、私が言っている「不思議な世界」は「あの世」「死後の世界」と同じなのではないか、「死」はすべての終わりではなく続きがあるのではないか、……それなら伝えることができるかもしれない。

これが、この本を書こうと思ったきっかけのひとつです。

以前の著書『「不思議な世界の力」を借りて、幸せになる』（東邦出版）でも「死後の世界観」という内容の原稿を書きました。あれから随分と時間が経ち、不思議な世界の方々から教えてもらい、その後にわかったことなども増えてきました。証明はできないことかもしれませんが、不思議な世界の方々から聞いた「あの世の仕組み」を少しでもお伝えできればと思っています。

不思議な世界の方々は皆さん幽霊とは違う生き生きとした存在

私のなにが気に入られたのか、物心がついたときから、気づくと優しい眼差しで見守ってくださる、私以外には見えない方々がいらっしゃいます。

子どものころは、遊び相手になってくれました。勉強は教えてくれたことはありません。私の出張・旅行先にも来てくれます。

その方たちの存在を疑うことなく、結婚・出産・離婚と、さまざまな実体験をしているうちに、私が見えている方々は、周りのどなたも見えていないのに気づいたのが、35歳くらいでした。

霊という言葉に、私がいまだに反応してしまうのは、母親に『牡丹灯籠』とか『番町皿屋敷』といった映画に、よく連れて行かれたからだと思います。

「お化けは恐い」「化けて出る」「亡霊は見たくない」が、心のなかに定着し、「霊」と不思議な世界の方々とを同じにはできずにいます。

子どものころ、遊んでくださった不思議な世界の方のお顔は思い出せませんが、坊主頭のおじちゃまでした。

中学校に行くころには、気配は感じるものの、声だけになり、映像で見えたり、感じたことが、現実に起きることが増えていきましたが、坊主頭のおじちゃまは来られなくなりました。

不思議な世界の方とはなにかが違う霊と言いたくなる人たちも見ましたが、恐いとは思ったことはありません。それよりも不思議な世界の方々は生き生きとしていて、とても存在感があります。ブルーグレーのおばちゃまが、実在したブラヴァツキー夫人だったとしても、すでに亡くなられているので幽霊かと言うと、決してそんな感じは受けません。不思議な世界の方々は、私たちよりむしろ元気に見えます。

風呂敷おじちゃまは著名な宗教家だった！

不思議な世界の方々のおひとりに、風呂敷おじちゃまとお呼びしている、素敵な日本の方がおられます。私の大好きな方なのですが、風呂敷おじちゃまも、もしかしてこの世では、この方なの？　というエピソードがあります。

風呂敷おじちゃまがお越しになったのは、皆さんに勧められて会を作ったころだったと思います。

「あなたは、地球になにをお返ししていますか？」

最初に風呂敷おじちゃまが言われた、ひと言です。

ちょうどそのころ、ある有名な方が、「お釈迦さまの生まれ変わり」だとか、「有名な方が降りてきた」と言って、さまざまな言葉を伝えていたことがありました。そういったことを耳にしていたので、私は風呂敷おじちゃまも〝名のあるお方〟なのかと、興味津々でいました。

するとあるとき、おじちゃまから言われたのです。

「私もこのあいだまで人間をやっていましたから名前はありますが、有名な人の話は聞けて、無名な人の話は聞けないというのはおかしいでのはありませんか」と。

私はこのひと言で、風呂敷おじちゃまの大ファンになりました。

私は不思議な世界の方々に、それぞれ私流の呼び名を付けさせていただいています。風呂敷おじちゃまは、いつも風呂敷になにかを包んで大切そうに抱えてお越しになるので、風呂敷おじちゃまと呼ばせていただいています。

風呂敷おじちゃまからは、人の心について、歴史上の人物の真実、近い未来のことなどを教えていただいています。

実は、おじちゃまにそっくりな方の写真を見たことがあります。25年間、働かせていただいた会社の社長室の戸棚を片付けているときでした。その写真を見つけた瞬間、思わず「うわぁ！！！」と驚きと感動の声が出てしまいました。

社長がとても尊敬されている先生が、まさに風呂敷おじちゃまだったのです。

話を聞くと、社長は「正しい、正しくない」とはどういうことなのかを知りたくて、さまざまな名のある宗教法人を訪ね歩いて話を聞いたところ、一番ストンと腑に落ちたのが、その先生のお話で、それからは先生の元へ通い詰め、お付き合いは先生が亡くなられるまで続いたのだそうです。

その先生が風呂敷おじちゃまだったとは、もうビックリ以上の気持ちでした。でも、風呂敷おじちゃまが、どんなに偉い先生であろうと私には関係のない話なので、あまりそのことは気にせずにいようと思っています。

風呂敷おじちゃまの言葉は、胸にググッとくるものがたくさんあります。そのなかでもピカイチなのがこの言葉です。

心身真生不動道

総合意識の原点は　光にあり

光は　万物の神であり　命である
意識は　光に溶け込み　エネルギーとなり
大宇宙体の現像界に姿を現わし
万世万物の生命意識に帰依する

光があることに感謝しなさい
熱があることに感謝しなさい
水があることに感謝しなさい
心があることに感謝しなさい

感謝の心は　大宇宙の神の意識にこたえ
万世万物の根源に　大宇宙大自然の法にもとづき
慈悲と愛の光となり　永遠不滅の生命を築く

地球は大宇宙大自然界の細胞にすぎず
人間も細胞なり

転生輪廻は正法にあり
過去世　現世　来世の三世輪廻は
大宇宙体の　崩壊の日まで続く

実在界の意識は　心なり　心は　己に忠実であり
肉体も支配し　今世に現存する真理なり
いかなる業も　清き魂に勝つ事かなわず
他の生命物体のある事を喜び
現世の使命を　心眼をもって悟り
自らが　自らの命をもって

来世の世に　光を託す道となす
その事　すべて使命なり

私は、風呂敷おじちゃまからも本当にさまざまなことを教えていただいています。
とても思慮深く、慈愛に満ちた方です。

飛びきり不思議な存在
中国四千年のおじちゃま

不思議な世界の方々のおひとり中国四千年のおじちゃまにも、たくさんのことを教えていただいています。

中国四千年のおじちゃまは、不思議な世界の方々のなかでも飛びきり不思議な存在です。

ブルーグレーのおばちゃまや風呂敷おじちゃまのいらっしゃる世界に暮らしているのではなく、もうひとつ先から来られているのではないかと感じるときがあります。

以前の著書にも書きましたが、顔がお笑いタレントのキム兄こと木村祐一さんにそっくりです。

衣裳は日本のものではないようです。中国か韓国の昔ながらの衣裳をまとい、奇々怪々な雰囲気を醸し出しています。
話される内容はとても幅広く、大宇宙の摂理から、歴史の真実まで、とても示唆に富ん

だお話を聞くことができます。

中国四千年のおじちゃまが、ブルーグレーのおばちゃまや風呂敷おじちゃまが現在住まわれている世界から来られているのか、それとももっと次元の違う世界から来られているのかわかりません。私の理解がもっと深まれば、教えてくれるのではないかと、楽しみにしています。

ほかにも、最近あまりお越しにならなくなった、岸田劉生さんの絵画「麗子像」にそっくりなおかっぱ頭の麗子おじちゃま、動くたびに「ゴトン、ゴトン」と音がするゴットンおじちゃま、難しい科学のことを教えてくれるスワニーおばちゃまがいらっしゃいます。

いずれの方々にもお目にかかるときは、とてもリアルで存在感があります。表情も豊かだし、間違いなくいまも生きておられる〝気〟を発し、このたびわかった世界でお暮らしなのだと思います。

不思議な世界の方々は、まさにそこにいるように姿が見えるときがあります。ときには姿が見えずに声だけが聞こえてくるときもあります。映像が見えることもあります。絵が浮かんでくることや、数字が浮かんでくることもあります。

第4章
あの世からのとっておきのメッセージ

子宮は代々の思いを伝える神秘的な器官

まず、すべての女性に知っていただきたいことがあります。

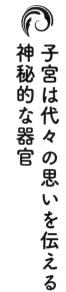

母親の子宮は、過去から脈々と続いている人々の思いを受け継いだり、また新しい命がこの世を生きるための準備をしたりする、大変に神聖なところだということです。

人にはだれでも父と母がいます。父と母にはそれぞれ父母がいて、その父と母にも父母がいます。太古の昔から、だれかとだれかの出会いがなければ、いまのあなたは存在していません。ひとりが欠けても、いまのあなたは存在していないのです。あなたが母の子宮で息づき始めるには、綿々と続く人と人のつながりが必要だったのです。〝父と母が出会ってあなたが生まれた〟だけではありません。さかのぼれば、人類が地球に暮らし始めるまで戻ることができるのです。

私たちは、誕生するまでの過去の記憶をどこかに仕舞い込んでいます。膨大な情報は普段、表面に顔を出すことはありませんが、さまざまな場面でよみがえることがあります。

初対面なのに「どこかで出会ったことがある」と思ったり、初めて口にする食べ物なのに「懐かしい味。以前食べたことがあるような気がする」と感じたりしたことは、だれにもあるのではないでしょうか。それは、あなたの潜在意識のなかに仕舞い込まれていた、前世の記憶であるのかもしれません。

いまあなたが、見たり聞いたり感じたりしていることは、あなたの今世での経験として記録され、次のだれかの記憶として残されていき、人類が滅亡するまで続くと私は信じています。

これらの誕生しようとする人に託された前世の人々の思いや、それまでの過去のすべての記録は、子宮に宿った命が人として姿かたちを整えていくにつれ、表面から奥底へと次第に仕舞い込まれていきます。それと同時に、子宮の外に出たあと、つまり誕生後の自己の存在を意識する準備を始めます。

これは、新しい環境に適応する能力を身につけるための大切な時間です。

適応するまで、その小さな命を守ってくれるのが羊水です。母親の身体を通して届く太陽光線とともに、生命を維持してくれます。

子宮に着いて2週間ほどすると、外の様子が母親を通してわかってきます。3週間を過ぎると、羊水と太陽の光に満ちたこの場所が楽園と思えるようになり、母親に命が託されていることがわかり、ひとりでは生きられないことを悟ります。両親の自分への思いがわかり始めるのも、このころです。

肉体がだんだんと形成されてくるにつれ、親の思いに強く影響されるようになり、それは誕生するまで続きます。この思いというのは、誕生後の子どもの性格にも反映されます。

誕生してすぐのときは、子宮内で感じていた光、この世の光、子宮に着くまでまとっていた光の衣の光が交じり合い、優美で幻想的な光のなかに自分の存在を感じています。

私たちがいま、この地球に生まれ、暮らしている現実のなかには、たくさんの過去の世の人々の思いが受け継がれています。日常では、そんなことは感じられませんが、まぎれもない事実です。

あなたが、あなたでなければならない理由があります。この世に生を受けたあなたには、前世の人々の期待と思いが込められています。それよりもなによりも、前世の人々はあなたの一部であり、いまのあなたはこの先によみがえるであろう魂の一部でもあると言えるのです。

あなたが死を迎え、姿かたちを変えて見る次なる世は、いまあなたが見て聞いて感じていることのなかから選ばれていきます。あなたが心のなかに抱く思いは、いまだけのものではなく、次の世でも持ち続けられるテーマとなるのです。

いまをあなたらしく生きなければならないというのは、そういった理由からです。いま生きて存在していることが、いかに尊いかを忘れないで過ごしてください。

10歳までに亡くなった子どもは、母親とともにこの世で過ごす

子どもを早く亡くした親御さんや、水子や中絶子がいて密かに悩んでいる方にぜ

ひ知っていただきたく、不思議な世界の方に教えていただいたことをお伝えします。

たくさんの光によって守られて生まれてきた子どもでも、悲劇が起き、親より先に旅立つことがあります。親にとっては生き甲斐である子どもが突然いなくなることは、これ以上の悲しみ、苦しみ、耐え難い思いはないかと思います。

この世で肉体をなくすとあの世に進みますが、子どもの場合は年齢によって異なります。10歳までに親よりも先に旅立った子どもは、母親が亡くなるまで、そのそばを離れずともに過ごし、母親を守ろうとします。

父親へは、思い出してくれるたびに、生きる力を与え続けます。かわいがってくれた祖父母がいれば、体力を与えようと頑張ります。その姿はけなげなまでに清らかだと不思議な世界の方は言われます。兄弟姉妹がいた場合、親が亡くなった子の死を悲しみすぎると、家族の調和が乱れがちになります。

10歳までに亡くなった子どもは、すでにこの世の物事を澄んだ清きまなざしで見ています。理解力は大人に近いですが、知力は亡くなったときの歳相応のまま。生前の個性や思考はそのまま同じで変わりません。

10歳以上で亡くなった子どもは、一人前の大人として見てあげると喜びます。

子どもを亡くした親御さんの悲しみは計り知れませんが、できるだけ次のことを心がけてください。

「悲しい」「寂しい」「愛しい」、この思いは、あなただけのものと知ってください。子どもは肉体をなくしましたが、あなたのそばにいます。あの世からも、いつもあなたのことを気にかけています。

会えぬ悲しみ、むなしさ、絶望感を持ち続けていると、そばにいる子どもも悲しい思いになります。一緒にいることを感じ取ってあげると、子どもは喜びますし、あなた自身の心も少しは落ち着くはずです。

10歳以上の子どもの場合は、名前をいつも言ってから話しかけると効果が上がります。

10歳未満の子どもの場合、ホットラインをつながなくても、例えばおやつを食べるときなどに、ひと口でも「これは、あなた◯◯の分」と名前を言ってから、食べてください。肉体をなくしても味覚は長いあいだ残りますので、とても喜びます。

父親は、母親のそばにいる子どもを振り向かせるために、名前は3回呼びます。子どもが好きな食べ物を、あなたが食べるときに、「◯◯、◯◯、◯◯。来てくれてありがとう。これはお前の分」と言って食べてください。きっと気力がアップします。

会いたい人とつながりやすくなるカードのことを紹介しましたが、子どもを間近に感じるためにも試してみてください。子どもの名前とあなたの名前が書かれたカードは、最大のお守りとなって、あなたをずっと守ってくれるはずです。

あちらの世界で再会ができたときは、お別れをしたときの年齢の姿で会えることでしょう。

中絶子には名前を付けて、忘れていないことをわからせてあげる

水子は、子宮から産道を通り、この世に生まれて間もないうちに亡くなった赤子のことを言います。自然流産した子どもも、水子と言っていいでしょう。中絶子は、水子ではありません。

水子は、赤子ながらひとつの魂として、自分の置かれた立場を大人以上に理解しています。とても清らかな心を持っていて、両親を恨むことはまったくありません。むしろ両親を愛おしく思い、自分のことを思い出してくれる限り、守り続けようと思っています。水子の魂は、母親の体内にとどまり、母親が死を迎えるまでともに生きるのです。

中絶子は、親の意思で亡くなった子どものことを言います。ただ、中絶のなかで

くださ い。

も母親を守るために、そうしなければならなかった場合の子どもは、水子と考えてください。

中絶子は、母慕の思いが強く、子宮に対する執着心を持つ子もいます。

中絶子は、忘れられるのがとてもつらいので、思い出してほしくてさまざまな悪さをするとも言います。実際に起きた出来事だと、不思議な世界の方に聞いた話は、驚きに絶えない内容でした。

黒人の男性とお付き合いをして妊娠。しかし出産できずに中絶をした女性がいました。その後ふたりは別れ、しばらくして女性は日本人の男性と結婚しました。やがて妊娠して出産するのですが、生まれてきた子は褐色の肌の色だったそうです。

別の話も聞きました。

婚約をしていた女性が、結婚相手とその親友と同時進行で肉体関係を続けていました。結婚を前にして、親友の男性の子を妊娠。生むことはできないと中絶し、それを機に別れて、まもなく結婚するも、親友の男性のことを忘れられずに、思いは募るばかり。結婚後約半年で夫の子を宿し出産するのですが、その子は大きくなるにつれて、別れた男性の顔立ちに瓜ふたつで、性格まで似てきました。親友に似てくる我が子を見て不審に思った夫は、離婚を決意。しかし、DNA鑑定では間違いなく夫婦の子どもであるとの結果が出たそうです。妻の思いが、中絶子の思いと一致したことにより、親友の分身子が生まれたのかもしれません。不思議な世界の方から聞いたお話です。

中絶子は、決して恐ろしい存在ではありませんが、子どもの思いがときとしてこのような物語を作ることもあるということです。

中絶子がいる方は、その子どもに名前を付けてあげてください。そうすると、水子と同じように母親を守って一緒に暮らせます。父親も、中絶子のことを忘れないでください。時々思い出してあげてください。あまりにも放ったままにしていると、思いがけない災難に遭いやすくなるのでご注意ください。

もうすぐ旅立たれる方へ 心穏やかな最期を迎えるために

文章にしがたいのですが、もしもいま、あなたが死と向き合っておられるのなら、お伝えしたいことがあります。お気持ちを察することのできぬ私が、表現を間違ってしまったらごめんなさい。真剣に一字一字に誠を込めながら、不思議な世界の方から教えていただいたことを、原稿用紙に書いてお伝えしたいと思います。

このたび、肉体とはお別れをしますが、死は決して最終地点はありません。

痛みは、肉体があなたとの別れを悲しみ、惜しんでいる証です。いまの肉体を二度と手にすることはできませんが、どうぞご自分の肉体に、「出会えてありがとう」と言ってあげてください。身近であなたの死をつらく受け止めておられる方にも、あなたの肉体に、この言葉を言ってもらってください。肉体は喜びます。

さまざまな思いが交錯する日々だと思います。

「死を待つ」ということが、どれほどの思いなのかは想像もつきませんが、最後の最後まで肉体との別れを阻止しようと頑張られるお気持ちは肉体にも伝わり、奇跡のような時間も多少ですが手に入れることができます。その時間は、あの世からあなたを守ろうとされている、どなたかの力と、この世であなたを愛する身近な人の力の結果です。

あの世では、あなたが着かれるのを待ってくれている方がいます。あの世で、どなたとお目にかかりたいか考えてみてください。あの世では、光の衣の輝きがその人を表しますが、こちらにいるときからお会いしたい人を思い出されていると、その方はあの世で、あなたが最後に会ったときの姿を見せてくれるので、すぐにわかります。

あの世で、どのくらいお話できる時間があるかはわかりません。あの世では、さまざまなことを学び、気づかなければならないからです。この世で出会って話していたときとは、話すことも異なることでしょう。

いまこうして私の文章をお読みいただける力が残っておられるのであれば、あの世で待ってくれているであろうお方に、いまから語りかけてください。あなたの偽りのない思いは、あの世の方に伝わります。

別段会いたいと思う人が浮かばない方でも、あなたのことを気遣ってくれる方があの世にはおられることと思います。

この世に愛する人を残したまま、あるいは幼子を残したまま旅立つ方へ、あの世から思いを伝えやすくする方法があると、不思議な世界の方に教えられました。

あなたがあの世に行かれてから、この世におられる方を守るのに、最も有効なのが水です。水は命の源。この命の源を入れるコップ、茶碗、グラスが、あなたの思いをあの世から伝える手助けをしてくれます。

あなたが思いを伝えたい人に、水を入れるコップや茶碗やグラスを贈ってください。新品でも、愛用の品でも構いません。お渡しする前に必ず一度水を入れて、お渡しする人の名前を言いながら、ひと口お飲みになってください。そして、お渡しするときには、「会えてよかった。ありがとう」と言葉を添えてください。

今生のお別れのようで、いままでに体験されたことのない思いがこみ上げてくると思いますが、あなたがあの世に行かれて、ホットラインを太くできる方法でもあるので、頑張ってください。

何人にお渡ししたいと思われましたか。いくつ渡されるかは自由ですが、あの世から水に込められるのは、その人にもよりますが最大5つくらいまでと教わりました。3つまでは、どなたでも大丈夫と不思議な世界の方は話されています。

受け取った方は、決して「形見」とは思わないでください。日常でお水やお茶を飲むのに使用してください。体調がすぐれないときや、ここ一番なる出来事が控えているときは、水に話しかけてからお飲みになると、ホットラインが作動し運を高めます。

大切になさっていても、形あるものは割れることがあります。そのときは、あの世から大難を小難にしてくれたか、近日中はできるだけ穏やかに過ごせとの知らせと受けとめて、争い事は避け、笑顔でお過ごしください。

割れたものは、割れ具合にもよりますが、修理して使えそうでしたら直してご使用ください。細かく割れてしまった場合は、別のコップなどに水を入れて、割れた破片を一部、漬けておきます。３日経ちましたら、「このコップに変わりました」と言い、それからはそのコップを使用するようにします。破片は集めて、保管しておいてください。

あの世に旅立つ方へ。たとえ余命を宣告されていても、月日を追うことをなさってはいけません。私たちには、「気」という不思議な力があり、余命と言われた日から最高、数年は寿命が延ばせることがあると、不思議な世界の方に教えられました。

肉体の衰えと、魂の衰えとは別です。魂が力強くあれば、余命も延ばせますし、肉体との別れも素晴らしい思いで感じられます。

あなたの魂の寿命は、あの世に行ってからも続きます。

「死は生の続きにある、ひとつの過程でしかありません」

このことを忘れることなく、最期のときを迎えるまで、いまを生きてください。

「魂に命あり」を自覚されると、死の恐怖は消えると、不思議な世界の方は言われています。

いま、生きるために頑張っておられる方に、頑張れとは申しませんが、魂が今後も生き続けるのですから、魂に自分の思いを託されて、肉体との別れを惜しんでください。

きっと、このことがおわかりになると、肉体も元気を取り戻します。

死は恐れることではありませんが、未知なる世界があるのかさえわからぬと、露のように消えゆく我が身が哀れでもあり、口惜しい思いは、私でも想像がつきます。

いつの日か、私もあの世に行きます。そのときは、光の衣を輝かせて、待っていてください。

あの世に行ってから戸惑わないために、いまから始めておく7つのこと

あの世に行ってから戸惑わないように、いまのうちにできる不思議な世界の方に教えていただいた方法があります。私は早速、始めていますが、あなたもいかがですか。

❶ 一日に1回、自分の生年月日と名前を、空に向かって声を出して言います。

❷「私はいま、生きています」と心のなかで実感すると、気力がアップするのを感じます。

❸ いままで自分が歩んできた道のりを、少しずつでも書き始めます。
私はまだ始めていませんが、あの世で人類記録所に残されたことと照らし合わ

せて、あの世で行う振り返りのスピードアップができるそうです。あの世で心がう～んと楽になり、過ごしやすくなるようです。

❹ 後悔しない、執着しない、未練を残さないを心がける。

❺ 善行についてあらためて考える。

大げさなことでなくていいようです。私は、冷蔵庫のなかに無駄な食材がないかをチェックして、使いきることを心がけています。飢餓に苦しむ人々のことを考え、幸せを実感しているからです。食材に「ありがとう」のひと言を伝えると、心が爽やかになります。

❻ 幸せ探しをする。

❼ 自分との約束は守る。

人の道に外れた約束事を行っていると、あの世に着いてから後悔するので、注意してください。

難しいことはひとつもないかと思います。

あの世は肉体のない世界です。この世は肉体のある世界。肉体があるから欲が出てさまざまな執着心が起きますが、肉体があるからこそ経験できることがたくさんあります。いいこともたくさんあるのです。

おいしいものを食べたいという欲は、おいしいものを食べた結果、おいしいものを食べて感動し、おいしいものを食べさせてくれてありがとうと感謝の気持ちに変えればいいのです。おしゃれな洋服を着たいという欲求は、きれいな服を着てだれかを幸せな気持ちにさせることができればいいのです。

肉体があってできる最高のことは、人を愛すること、人を思いやること、それを表現できることです。あなたの肉体が、だれかを幸せな気分にさせられるのですから、いまお持ちの肉体を、そして生きることを大切になさってください。

この世を幸せに過ごして、そしてあの世に行ってからも、出会えた魂と仲良くしましょう。

世界一のパワースポット日本の運気道をたどってみる！

あの世に旅立たれた方たちが、この世に思いを馳せたくなる場所を、地図を触っていると感じてきます。

私の指先が感じ取れる場所が、世に言うパワースポットなら、お伝えしておかなくてはいけません。

日本という国は、世界地図を触ってみても類を見ないパワーみなぎる国です。

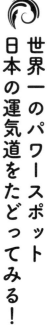

地震大国というと、あまり喜ばしくない言葉ではありますが、日本は地球表面の板状の岩石（プレート）が４つもぶつかり合っている場所。それだけ、マグマの働きをキャッチできる、極めて個性に富んだエネルギッシュな地表が日本なのです。

いまさらプレートのお話をする必要はありませんが、４つのプレートの境界線付近に位置している日本は、災害と背中合わせとはいえ、不思議な世界の方々との距離を一番近くに感じ取れる世界一のパワースポットなのです。

私が、不思議な世界の方に教わった場所は、日本を意識できる人なら、だれもが感じ取れるパワースポットです。

いまから、教えられたことをつらつらと書いていくことにしましょう。

越後山脈の西、新発田から、ぶらりぶらりと柏崎方面へ歩かれると、体内に地球の息吹を取り入れられて活力が増します。新発田のスタート地点は、ご自分が「ここがスタート地点」と思われた場所でいいそうです。

まずは裸足になり、地面を感じること。あとは、歩きやすい靴を履き、てくてくと柏崎に向かって歩いてください。

歩く目的なんていりません。一日で歩ける距離も、どこまで歩くかも考えずに、足の下の地面だけを感じ取って歩くのが、気を高めるコツだそうです。

どうやらこの辺り、プレートの境界みたいです。気力が薄れたと思う人は、この地を訪れてのんびりと散歩するのです。

だれかさんとおしゃべりをしながら歩くのもよし、ひとり黙々と歩くのもよし。時折、裸足になり、土地へのご挨拶を忘れずに。何日かけて柏崎に到着してもいいし、今日はここまでと決めて、また別の日に続きを始めてもＯＫです。

新発田から柏崎に着いたら、沼田へ向かいましょう。

この間は、好きな歌を口ずさむと、地球は喜び、気力を与えてくれます。

沼田からは、千葉へと進みます。

新発田から柏崎、沼田を経て千葉に出て海を見るまで、随分と時間がかかりそうですが、気力を高めたい人にはお勧めのコースです。

もしも、車を利用されたい人は、裸足で地面を感じる場所を数多く持たないと、効果はありませんから気をつけてください。

そうそう、ご自分が裸足になった場所の土や砂や石は必ず持って帰ってください。小さな石で十分。砂や土だって、少量でいいのです。場所と月日時間を小袋に記録しておいてください。

いまお伝えした場所は、１８０万年前の地球の息吹が残る場所で、現在もエネルギーを放出しているラインなんですって。

でも、現代人は裸足にならないので、こんなにも力強くパワーを発していても、皆気づかないんだそうです。

今回、教えられるパワースポットって、広範囲なのに驚きます。

歩けと言われても、日本を横切る長さ。どれくらいかかるのでしょう。

「東京から神戸かなあ」と思ったら、歩ける気分になりました。飛脚が走っていた時代もあるのですから。

それにしても、１８０万年前の息吹が残るって、すごくないですか。

地球は、生きているんですね。

日本一のお山、富士山。

富士山は、見るときの心がけひとつで、運気が上がります。

富士山は、生き物。多くの人に毎日のように見られています。

だから富士山を見るときは、住所氏名年齢を言って、富士山に心の内を伝えないと、運気は上がりません。そりゃ、近くにお住まいの方は、毎日ご挨拶はできるでしょう。でも、いつも目にすることのできない人は、見たときは「初めまして」とおっしゃると、もっと運気が上がります。


もっともっと運気をアップさせることや幸運を願うのなら、強烈なコースがあります。


このコース、諏訪湖が出発地点です。

まず向かう先は、熱田神宮。このコースだけは、車では効果は出ないそうです。昔の人は、歩きましたから。熱田神宮では、塩水で口を清めることを忘れずに。もちろん、裸足を体験してください。神宮内を裸足でなくてもいいんですよ。「心を清めます」が、裸足になるときの合図です。

諏訪湖から熱田神宮までの道中。気になる神社仏閣、お地蔵さまにも手を合わせると、もっと運気が向上します。日程にもよりますが、楽しく旅をなさってください。一気に歩き続けなくても、何回に分けての旅になさっても構いません。

まだ先があります。熱田神宮の次なる目的地は、伊勢神宮。ここでも塩水で口を清めてお参りしてください。伊勢神宮では、お願い事ではなく、ご自分の近況報告をされるのが、運気を高めるコツです。

そして、次なる場所は高野山。

高野山までは、横切るように直線コースを選んでください。伊勢神宮から高野山までは、ご自分が今後どのような人生を歩むかを考えて歩くと、太陽の光、月の光、星の光が、いままでとは違って見えると不思議な世界の方は話されております。

また高野山に着くと、あの世に住まわれている愛しい人を身近に感じ取れるとも言われました。

諏訪湖、熱田神宮、伊勢神宮、高野山。

「この道は運気道です」と強い口調で言われるので、私も一度チャレンジしたくなりました。

北海道にも幸運を招くラインの旅があると教えてもらいました。

宗谷岬と稚内の真ん中辺りから襟裳岬までの旅のコースです。このコースは、スタートはどちらからでもいいそうです。

「自然がいっぱい。熊さんこんにちは」

こんなコースになりそうですが、幸運を手にしたい人にはお勧めです。

ただ、準備と計画はしっかりとなさってからチャレンジしてください。ここは、だって、すごいところなんですもの。

北米プレートとユーラシアプレートの境界のようなライン上の旅なんですから、エネルギーが高いのは当たり前です。「北米プレートとユーラシアプレートの境界のはずがない」と言われる方がおられるかもしれませんが、不思議な世界の方が「このラインを境界と言ってもいい」と言われたので、境界といたします。

今回、教えてもらったパワースポットは、どれもが大がかりな旅のコースです。

地図を見ていると、名寄なんか立ち寄りたくなりました。宗谷本線を見つけたので、乗りたくなります。旭川、富良野、日高山脈、襟裳岬。地図を見ているだけで、日ごろのゴチャゴチャした思いが洗えそうです。

不思議な世界の方が教えてくださったので、とても大事なコースなのだと思われます。このたびの肉体とともに、この世の思い出に心に刻むのには、最高なのではないでしょうか。

「この世の思い出」と思って、死に土産と思うのはやめてください。

そうではなく、思い出は、生きがいにもなり、こうした旅は生涯に何度となくあることでもないので、あの世に着いても、生前を思い起こすとき、心が晴れやかになります。

チャレンジされるのも、あなた。されないのも、あなた。

でも、地図を触り、思いを抱くくらいは、一度なさってみてはいかがでしょうか。

おわりに

この本にも書きましたが、私が原稿を書くようになったのは、35歳のころ、目の前に現れたブルーグレーのおばちゃまの「書きなさい」のひと言からでした。

あれから随分経ちましたが、再びブルーグレーのおばちゃまからの導きなのでしょうか、ニューヨークでの出来事により、ブルーグレーのおばちゃまがブラヴァツキー夫人という実在した人物であることがわかり、そのことがきっかけとなって、この本を書くことになりました。

あのときと同じように、ブルーグレーのおばちゃまに導かれてできた本書には、なにか特別の理由があるのかもしれません。書き終わったばかりですので、まだどのような意味があるのかはわかりません。でも、あと何年か経ったときに、「ああ、そういうことだったのか！」と、きっと納得するだろうと感じています。

書き進むうちに、「あの世」に関しては、書ききれていないまだ先があると思っていました。でも今回は、「あの世」のことを知っていただくというよりも、「この世」で生きるために知っておいていただきたいことのほうが大切と感じ、その内容を中心に書きました。

私が常々申し上げていた、「感（勘）を磨くと、危機察知能力が高まる」こと、「自分の頭で考える時間が大切」や「いまを自分らしく生きなければならない」理由、「ご先祖さまの供養は、この世で会った顔のわかる方までを中心に」の意味など、さまざまなことが、あの世とのつながりのなかでおわかりになっていただけたのではないでしょうか。

「死」とは、すべての終わりではなく、この世とあの世のつながりのなかの過程であること、亡くなられた方の意識は消え去ることはなく、つながり合うことができること、いまは亡き大切な人を偲ぶ大切さなど、ここまでお読みの方はすでにご理解いただけていることと思います。

私は、ブログ『幸福への近道』で毎日、気になる地域や災害のこと、不思議な世界の方々に教えていただいている世の中の動きなどをお伝えしています。

私は、書いたことが〝当たる〟のを少しもうれしいと思いません。書いた文章を読んでいただくことで、危険を回避される方がひとりでも増え、また悲しまれる方がひとりでも減ることのほうがうれしいのです。

『幸福への近道』で、日々気になることは書き続けます。お読みいただいて、あなたご自身の感（勘）が働きましたら、どうぞお気をつけください。その感（勘）も、本書にありますように、どうぞ磨き続けてください。きっとあの世からの見守りによって、大難は小難に、小難は無難になっていくかと思います。

この地球に意味なく生まれてくる人間なんていません。みんな、なにかの理由があって生まれてきているのです。ですから、必要以上に不安がらず、悲しみにとらわれないようにして生きていきましょう。人が生き生きと笑顔で生きていることが、地球自身にとってもうれしいことなのだと私は信じています。

笑顔で毎日が過ごせますように！

ここまでお読みいただきまして、ありがとうございました。

２０２３年1月吉日　松原照子

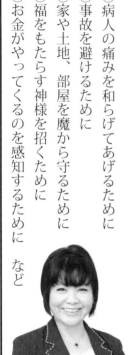

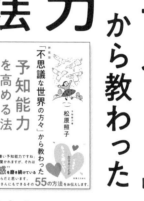

松原照子（まつばら　てるこ）

1946年10月15日、兵庫県神戸市生まれ。株式会社SYO代表取締役。自身のブログ『幸福への近道』で、東日本大震災の被災エリアを細かく当てたことが話題となる。本業である経営コンサルタントのほか、財界人へのアドバイスも行っているライフアドバイザー。『新装版「不思議な世界の方々」から教わった予知能力を高める法』(実業之日本社)、『前世の力を借りて幸せになる！』（ごま書房新社)、『松原照子の真世見』（ワン・パブリッシング）など著書多数。

松原照子　公式WEBサイト『幸福への近道』

https://terukomatsubara.jp

編集／**ゼロハチマル**
カバーデザイン／**渡川光二**
本文イラスト／**紗英子**

※本書は2016年に刊行された
『聞いてビックリ「あの世」の仕組み』（東邦出版）を底本に、
一部内容を加筆・修正し再編集したものです。

終活《しゅうかつ》の新常識《しんじょうしき》！

聞《き》いてビックリ「あの世《よ》」の仕組《しく》み

2023年2月1日　初版第1刷発行

著　者　松原照子《まつばらてるこ》
発行者　岩野裕一
発行所　株式会社 実業之日本社
〒107-0062
東京都港区南青山5-4-30
emergence aoyama complex 3F
電話 03-6809-0495（編集／販売）
https://www.j-n.co.jp/

印刷・製本　大日本印刷株式会社

ISBN978-4-408-42131-5（書籍管理）